그림으로 읽는 **잠 못들 정도로 재미있는 이야기**

위험한 풍수

애신각라 유한 지음 / 김성훈 옮김

BM (주)도서출판 **성안당**

머리말

'풍수'라고 하면 '학파가 많을 것 같다', '풍수 인테리어는 복잡해서 따라 하기 어려울 것 같다'라며 시도해보기도 전에 손사래를 치는 사람도 있습니다.

하지만 '풍수'는 시대와 함께 진화해왔습니다. 풍수의 역사와 전통을 따르는 것도 중요하지만, 21세기인 오늘날, 고대 중국에서 발생한 이 풍수 사상이 다가오는 미래에도 통용될 수 있는지를 항상 고민해야 합니다.

고대의 풍수는 원래 지형을 활용하는 지리적 풍수에서 시작되었고, 나중에는 국가 건설을 위해서 그리고 공격과 수비를 고려하는 군사적 용도로도 활용되어 왔습니다. 이러한 풍수의 기본 사상은 유지하면서 시대와 풍토에 맞게 옛것을 더욱 잘 발전시켜 나가는 게 중요합니다.

이 책에서는 일본에서 독자적으로 발전한 가상학(家相學) 풍수 이론을 도입하면서, 평면도 등에 구애받지 않고 지금 살고 있는 집에서 누구나 쉽게 적용해볼 수 있는 풍수 비법 및 개운 습관을 정리했습니다. 하나씩 지금 할 수 있는 것부터 실천해보세요. 책을 통해 정보를 얻었으면 행동하고, 실천해서 조금씩 적용해봅시다. 이를 반복해서 쌓아나가다 보면 반드시 좋은 운이 펼쳐질 것입니다.

애신각라 유한

차례 집에 놓을 정도로 재미있는 풍수이야기

CONTENTS

8

9

제7장

개운 풍수 플러스 활용 수칙

- 위험한 풍수란?
- 풍수를 활용하면 정말 운이 좋아질까?
- 인생의 '공격'과 '방어'에 모두 사용할 수 있다
- 풍수의 기초 – 음양오행이 뭘까?
- '가상학·기학'은 일본의 가옥, 문화, 역사에서 탄생했다
- 나쁜 부분을 상쇄하는 '화살 풍수'란?

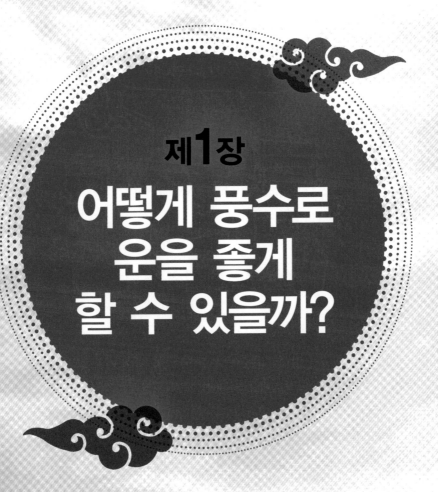

제**1**장

어떻게 풍수로
운을 좋게
할 수 있을까?

위험한 풍수란?

　'요즘 운이 좋지 않다', '기분이 우울하다' 등 여러 가지 고민이 있다면, 우선 집 안 환경을 돌아보세요. 어쩌면 자신도 모르는 사이에 운을 떨어뜨리는 위험한 풍수를 하고 있을지도 모릅니다. '풍수'라고 하면 어렵게 생각하는 사람도 있지만, 풍수는 고대 중국에서 전해 내려오는 지혜를 바탕으로 쾌적한 환경을 만들기 위한 방법입니다. 환경은 사람의 잠재의식에까지 영향을 미쳐 삶을 변화시키므로, 풍수는 운을 열어가는 매우 효과적인 방법이라고 할 수 있습니다.

풍수를 활용하면
정말 운이 좋아질까?

　풍수는 '환경학'이기도 합니다. 방을 청소하고 정돈하면 자신의 의식도 함께 깨끗해지고 맑아집니다. 그리고 의식이 맑아지면 긍정적인 마음과 올바른 판단력, 행동력이 자연스럽게 따라옵니다. 또한 운을 높이려면 마음을 안정시켜야 하는데, 이를 위해서는 오감이 편안하게 느끼는 공간을 만드는 것이 매우 중요합니다. 항상 편안함과 행복감을 느끼면서 자신의 '기운'을 안정시키면 운이 강한 체질이 될 수 있습니다.

풍수는 인생의 '공격'과 '방어'에 모두 사용할 수 있다

풍수는 고대 중국에서 나라를 지키기 위해 만들어진 사상이자 환경학입니다. 예로부터 중국은 다른 나라나 이민족의 침략에 항상 위협을 받았습니다. 그런 상황에서 스스로를 지키고, 또 다른 나라를 공격하기 위해서 고심 끝에 만들어진 것이 바로 풍수입니다. 따라서, 풍수는 공격과 방어 양쪽에 매우 효과적이라고 할 수 있습니다. 인생의 새로운 도전이나 발전을 위한 '공격'에, 반대로 회사나 가정의 평화와 안전을 기원하는 '방어'에 풍수의 힘을 잘 활용해봅시다.

풍수의 기초 –
음양오행이 뭘까?

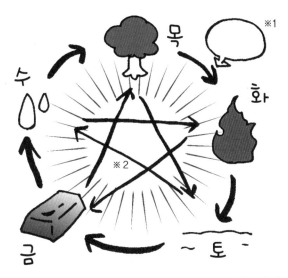

※1 상생: 목에서 화가, 화에서 토가, 토에서 금이, 금에서 수가, 수에서 목이 나오는 성질
※2 상극: 목은 토를, 토는 수를, 수는 화를, 화는 금을, 금은 목을 제압하는 성질

    풍수에서는 나무(木)에서 불이 나오고 불(火)에서 흙이 나오고 흙(土)에서 쇠가 나오고 쇠(金)에서 물이 나오고 물(水)에서 나무가 나온다는 삼라만상의 이치를 담은 '음양오행설'이 유명합니다. 필자는 이것을 '기운'이라는 개념으로 풍수에 적용하고 있습니다. 기운은 눈에 보이지 않는 에너지와 같은 것인데, 사실 사람과 사물은 모두 이 기운을 발산하며 서로 영향을 주고받습니다. 풍수는 보이지 않는 기운에 주목하여 에너지의 종류와 궁합을 살펴보는 학문입니다.

'가상학·기학'은 일본의 가옥, 문화, 역사에서 탄생했다

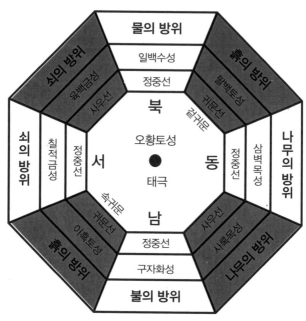

물의 방위
일백수성
정중선
북

쇠의 방위
육백금성
사우선

흙의 방위
팔백토성
귀문선
길귀문

쇠의 방위
칠적금성
정중선
서

오황토성
●
태극

동
정중선
삼벽목성
나무의 방위

흙의 방위
흉귀문
귀문선
이흑토성
남
정중선
구자화성
불의 방위

사우선
사록목성
나무의 방위

※정중선: 정동, 정서, 정남, 정북의 연결선　　※사우선: 북동, 남동, 남서, 북서의 연결선
※귀문선: 특히 북동과 남서의 연결선

　일본에는 불교와 함께 고대 중국의 풍수가 전해졌습니다. 그 후로 당나라의 수도 장안을 본뜬 후지와라쿄 도성을 비롯해 여러 곳의 도성을 풍수 기반으로 설계하고 건설하기 시작했고, 그런 과정에서 '가상(家相)'이라는 고유의 풍수 이론도 탄생했습니다. '가상'은 중국에서 전래한 풍수와는 달리, 다다미를 사용하는 일본의 전통 가옥, 문화, 역사, 생활, 시대에 따라 변화해왔습니다. 가상 풍수에서는 그림처럼 집의 중심을 포함한 8방위를 바탕으로 각 방위의 힘을 활용하는 것을 중요하게 생각합니다.

나쁜 부분을 상쇄하는
'화살 풍수'란?

　나쁜 기운이 있는 땅이나 건물의 형태를 '형살(形殺)'이라고 하며, 형살에 음양오행의 성질을 조합해 그 힘을 약화하거나 강화하는 방법을 '화살 풍수(化殺風水)'라고 부릅니다. 화살 풍수 아이템으로 유명한 것이 바로 팔괘경이고, 그 밖에도 수정이나 마노와 같은 천연석, 숯이나 향 그리고 용이나 용거북 등의 신령스러운 동물 조각상도 사용됩니다. 단, 지나치게 많은 것은 좋지 않으니 기분 좋게 느껴지는 아이템 한두 개 정도만 놓는 것이 좋습니다.

'바람의 시대'인 지금, 풍수를 활용하려면?

정보나 커뮤니케이션 등 눈에 보이지 않는 것이 세상을 움직여간다

　풍수에서는 오랜 역사 속에서 바람의 기나 나무의 기 등 기운의 흐름을 계속해서 연구해왔습니다. 자연의 에너지가 어떻게 흐르는지 이해하고, 어떻게 활용해야 하는지를 연구해온 것입니다.

　서양 점성술에서는 현재를 '바람의 시대'라고 합니다. 바람은 하늘에서 불어오는 눈에 보이지 않는 존재입니다. 그래서 이 시대에서 중요한 것은 눈에 보이지 않는 것이 많습니다.

　예를 들어, 전 세계를 혼란에 빠뜨린 신종 코로나바이러스도 그중 하나입니다. 또한, 정보나 커뮤니케이션 등도 이 시대의 키워드라고 할 수 있는데, 이것도 역시 눈에 보이지 않습니다. 한편으로는 갑자기 흐름이 바뀌는 바람처럼 빠르게 일이 진행되는 시대이므로, 타이밍을 잘 잡으면 예상치 못한 큰 성공을 거둘 수도 있습니다. 지금이야말로 풍수의 힘을 크게 활용할 수 있는 시대라고 할 수 있습니다.

바람처럼 빠르게 행동해간다

　그렇다면 지금 시대에 어떻게 움직여야 할까요? 중요한 것은 '멈추지 않는 것'입니다. 계속 행동하는 것이 행운을 불러들일 수 있습니다. 풍수적으로도 집 안에 좋은 바람을 통하게 하는 것이 중요합니다. 수시로 환기하여 집 안의 기운이 정체되지 않도록 해야 합니다.

　또한, 자신에게도 새로운 바람을 불어넣는 것이 중요합니다. 관심 있는 일이 있으면 바로 시작해보거나 마음 가는 대로 여행을 떠나보기도 하고 자유롭게 문을 활짝 열어놓고 바람의 시대를 즐겨봅시다!

현관

 화장실

 욕실

 세면대

 주방

 침실

 수납

제2장
재물운을
높인다

1 위험! 현관의 기운을 바꾸는 방향별 컬러

해결 방위에 맞는 컬러 배치

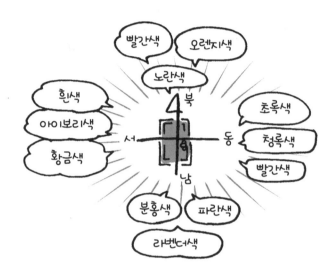

현관은 돈의 통로라고도 불립니다. 그만큼 재물운 상승에 현관 인테리어는 필수! 풍수에서는 방위에 따라 그 기운을 받쳐주거나 보호해주는 행운의 색상이 있으니 꼭 참고하세요.

북쪽 현관에는 빨간색, 오렌지색, 노란색, 남쪽 현관에는 분홍색, 파란색, 라벤더색, 동쪽 현관에는 초록색, 청록색, 빨간색, 서쪽 현관에는 흰색, 아이보리색, 황금색을 추천합니다.

2 위험! '음'의 기운이 모이는 북쪽 현관에 검은색 계열 인테리어

 해결 따뜻한 '양'의 에너지를 추가한다

밝은 조명

빨간색, 노란색, 오렌지색

북쪽 현관은 '음'의 기운이 강하기 때문에 수입이 정체되는 경향이 있습니다. 이런 곳에 검은색이나 회색 등 어두운 색상의 인테리어를 사용하면 '음'의 기운이 더욱 강해집니다.

북쪽 현관에는 태양의 기운이 느껴지는 빨간색이나 노란색, 오렌지색 계열의 현관 매트나 슬리퍼, 잡화 등을 놓아두는 것이 좋습니다. 조명도 될 수 있으면 밝은 색을 사용해서 따뜻한 '양'의 기운을 보충해주는 것이 좋습니다.

3 위험! 청소가 안 된 현관 바닥

 해결 현관 바닥은 언제나 깨끗하게 유지한다

현관이 재물운 상승에 중요한 이유는 외부와 내부를 연결하는 첫 번째 출입구이기 때문입니다. 특히 현관은 신발 밑창에 묻은 모래나 방 안의 먼지 등이 쌓이기 쉬운 곳이므로 수시로 청소해야 합니다.

신발이나 가방은 사용하지 않을 때는 신발장이나 별도의 수납공간에 보관하고, 모래나 먼지는 주기적으로 청소하세요. 또한, 물걸레질을 하면 정화가 되어 돈의 신이 찾아오기 쉬워진다고 합니다. 현관을 깨끗하고 청결하게 관리해서 행운의 통로로 만들어봅시다.

현관

4 위험! 현관 정면에 설치된 거울

 해결 현관에 들어와서 왼쪽에 거울을 설치한다

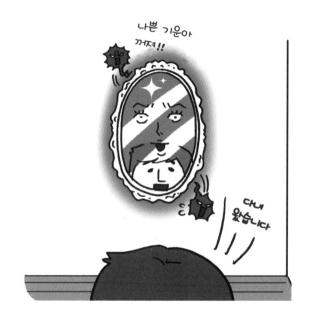

현관에 들어서자마자 정면에 전신 거울을 놓는 것은 풍수적으로 좋지 않습니다. 왜냐하면, 정면 거울은 나쁜 기운뿐만 아니라 좋은 기운도 튕겨내기 때문입니다. 하지만 거울 자체는 어느 방위의 현관이라도 적극적으로 배치하고 싶은 아이템입니다. 활용 포인트는 현관에 들어서서 왼쪽에 거울을 놓는 것입니다.

또한, 현관에 들어섰을 때 사람을 비추지 않는 각도로 설치하는 것이 좋습니다. 풍수 아이템으로 유명한 팔괘경을 놓는 것도 좋습니다.

5 위험! 잡다하게 장식된 현관

해결 수정이나 물이 느껴지는 인테리어

다양한 취향의 용품으로 꾸며진 현관은 불안정해서 행운의 출입을 방해할 수 있습니다. 뭔가 장식하고 싶다면 밝게 빛나는 소품을 추천합니다. 빛을 반사하는 조명이나 수정 등의 천연석 클러스터 등을 한두 개 놓아두는 것도 좋습니다.

또한, 글라스 아트나 투명감 있는 유리 소품, 조개껍데기 등 물이 느껴지는 인테리어도 추천합니다. 깨끗하게 관리할 수 있다면 작은 수조를 두는 것도 좋은 기운을 불러일으키는 방법입니다.

6 위험! 창문이 없고 조명도 어두운 현관

해결 빛을 상상할 수 있는 사진이나 엽서

아파트나 오피스텔 등에서는 창문이 없는 현관이 대부분일 것입니다. 더구나 조명마저 어두울 경우 어딘가 우울함이 느껴지는 '음'의 기운이 강한 현관이 될 수 있습니다. 하지만 그런 현관이라도 조명을 밝게 하거나 추가하면 문제없습니다.

재물운을 높이는 데 좋은 것은 둥근 형태의 조명입니다. 조명을 바꿀 수 없을 때는 하늘이나 태양이 비치는 풍경 등 빛을 상상할 수 있는 사진이나 엽서를 걸어두는 것도 좋은 방법입니다.

7 위험! 고딕풍 소품으로 장식된 현관

해결 누구나 기분 좋은 공간으로 만들자

현관은 집의 얼굴이자 그 사람의 모습을 보여주는 거울과 같은 곳입니다. 해골이나 고딕풍의 어두운 분위기의 인테리어를 선호하는 사람들도 있지만, 현관에 장식하는 것은 추천하지 않습니다.

현관은 다양한 손님을 맞이하고 가족 모두가 사용하는 곳이므로 풍수적으로는 자연광이 잘 들어오고 통풍이 잘 되며 불필요한 물건이 놓여있지 않은 상태가 이상적입니다. 물건을 놓는다면 선캐처(Suncatcher)나 풍경 사진 등 밝은 느낌을 주는 것을 추천합니다.

8 위험! 취미에 사용하는 도구나 장난감을 놓아둔 현관

 취미 용품은 깔끔하게 정리한다

축구공이나 스케이트보드, 낚시 도구 등 취미 용품들을 현관에 그대로 두는 가정을 종종 볼 수 있습니다. 이런 현관은 운을 취미 쪽으로 치우치게 하는 경향이 있습니다. 모든 운은 현관으로 들어오므로, 취미 에너지가 집 안으로 흘러들어 일과 관련된 것들을 방해할 수 있습니다.

창고나 수납 상자 등을 마련해두고 취미 용품을 사용한 후에는 꼭 깔끔하게 정리하는 습관을 들여보세요.

1 위험! 화장실의 기운을 바꾸는 방향별 컬러

해결 방위에 맞는 컬러 배치

화장실은 현관 다음으로 재물운 상승에 중요한 장소입니다. 화장실의 방위별 행운의 색상을 잘 활용해봅시다.

북쪽 화장실은 '음'의 기운을 약화하고 '양'의 기운을 높이는 분홍색, 흰색, 황금색, 남쪽 화장실은 '양'의 기운을 살리는 오렌지색, 초록색, 아이보리색, 동쪽 화장실은 발전의 기운을 북돋는 빨간색, 파란색, 은색, 서쪽 화장실은 재물운을 높이는 보라색, 페일 베이지색, 파스텔옐로색 등을 추천합니다.

2 위험! 화장실에 냄새가 고여있다

해결 환기에 신경 써서 통풍을 좋게 한다

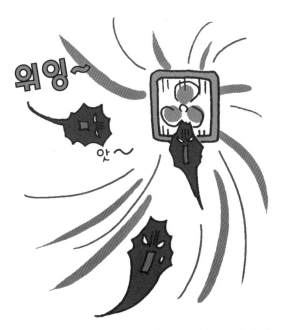

위잉~

앗~

　화장실은 용변을 보는 장소이므로 아무래도 냄새가 나기 마련입니다. 하지만 정도를 넘어 냄새로 가득한 상태라면 재물운 상승에 방해가 될 수 있습니다. 이를 위해 우선 중요한 것은 '환기'와 '청소'입니다. 창문을 열어 공기가 잘 통하게 하고 수시로 청소하는 것이 좋습니다. 아파트처럼 화장실에 창문이 없는 경우에는 환기가 잘 되지 않아 나쁜 기운이 쌓이기 쉬우므로 주의가 필요합니다. 전기 요금이 들긴 하지만 환풍기는 항상 켜두는 것이 더 좋습니다.

3 위험! 어둡거나 더러워진 벽이 칙칙한 인상을 준다

해결 따뜻한 색 계열 사진으로 '양'의 기운을 더한다

화장실은 물이 항상 고여있고 습기가 많으며 용변을 보는 장소이기 때문에 원래 '음'의 기운이 강한 곳입니다. 벽이 더럽거나 어두운 색으로 되어있으면, 그런 '음'의 기운을 더욱 증폭시킬 수 있습니다.

벽에 묻은 먼지는 닦아서 깨끗하게 해주는 것이 좋습니다. 또한, 벽의 색을 바꾸기 어려운 경우에는 따뜻한 색 계열의 꽃이나 석양, 단풍 등의 풍경 사진을 걸어두는 것도 추천합니다. 사진을 걸 때는 먼지가 쌓이지 않도록 액자에 넣는 것이 좋겠지요.

4 위험! 화장실에서 휴대폰을 보거나 책을 읽는다

해결 화장실에 오래 앉아있지 않는다

　간혹 화장실에서 용변을 볼 때 스마트폰이나 만화책 등을 들고 가서 느긋하게 시간을 보내는 사람들이 있는데, 재물운을 위해서는 당장 그만두는 것이 좋습니다. 화장실은 '음'의 기운이 강한 곳인데, 그런 곳에 오래 있으면 그만큼 '음'의 기운을 흡수하게 되므로 머무는 시간은 짧게 하는 것이 좋습니다.

　또한, 책의 종이는 습기를 머금기 쉬우므로 이런 것들을 화장실에 놓아두면 나쁜 기운이 더욱 강해집니다.

5 위험! 습기가 많아 눅눅하다

해결 숯을 이용해서 냄새를 제거한다

대나무숯

습기와 냄새가 신경 쓰이는 화장실에는 환기가 제일이지만, 숯을 놓아두는 것도 좋은 방법입니다. 숯은 미세한 구멍을 통해 습기를 흡수하는 제습 효과가 있습니다. 특히 대나무숯은 제습 효과가 뛰어나며 냄새의 원인도 흡수하는 탈취 효과도 우수하다고 합니다.

인공 재료가 아니므로 반영구적으로 사용할 수 있어 가성비도 우수합니다. 또한, 주기적으로 자연 건조하면 제습 및 탈취 효과가 다시 회복되므로 환경 측면에서도 우수한 친환경 아이템입니다.

6 위험! 매트나 슬리퍼를 사용하지 않는다

해결 ▶ 매트나 슬리퍼로 나쁜 기운을 차단한다

청소하기 편하다고 화장실에 매트를 깔지 않는 집이 있는데, 화장실에는 매트를 깔아두세요. 화장실은 습기가 차기 쉬운 장소인데, 습기는 아래로 내려가는 성질이 있습니다.

이를 좋은 기운으로 바꿔주는 아이템이 바로 매트와 슬리퍼입니다. 매트와 슬리퍼를 두지 않으면 바닥에서 올라오는 나쁜 기운이 화장실을 사용하는 사람에게 흡수되기 쉽습니다. 바닥의 냉기를 막는 데도 효과적이지요.

7 위험! 변기 뚜껑을 열어둔다

해결 ▶ 사용하고 나면 뚜껑을 닫는다

탁

닫는다

화장실을 사용한 후 귀찮다고 변기 뚜껑을 열어두는 경우가 있는데, 이는 절대 금물입니다. 뚜껑을 열어두면 변기 안의 나쁜 기운이 화장실 전체에 방출되어 집 전체의 운이 나빠질 수 있습니다.

또한, 뚜껑을 열어둔 채로 물을 내리면 더러운 물보라와 함께 세균이 사방으로 튀기 때문에 위생적으로도 좋지 않습니다. 가족 모두가 화장실을 사용한 후에는 뚜껑을 닫는 습관을 기르도록 합시다.

1 위험! 배수구가 막혀 물이 흐르지 않는다

 해결 배수구는 부지런히 청소를 한다

　머리카락이나 비누 찌꺼기 등의 이물질이 쌓이는 배수구는 욕실에서도 더러워
지기 쉬운 곳입니다. 배수구에 이물질 등이 걸린 채로 있으면 냄새나 막힘의 원
인이 됩니다. 거기서 발생하는 나쁜 기운은 판단력을 흐리게 하거나 돈의 흐름을
나쁘게 하므로 주의해야 합니다.

　배수구는 머리카락 등 이물질을 제거하여 항상 깨끗하게 유지하도록 합시다.
배수구 입구에 머리카락이나 쓰레기를 걸러주는 거름망을 씌우고 나중에 그대
로 버리면 청소하기 편리합니다.

2 위험! 면도기가 밖에 나와있다

해결 날붙이는 사용할 때만 꺼내 쓴다

흔히 면도기 등의 날붙이를 욕실에 두고 제모를 하는 경우를 종종 볼 수 있습니다. 하지만 풍수에서 칼은 본래 '자르는' 물건이기 때문에 만남이나 업무상의 관계 등 좋은 인연을 끊는다는 의미가 있습니다.

업무상의 인연이 끊어지면 재물운도 막힐 수 있습니다. 면도기와 같은 날붙이는 사용할 때만 가져와 쓰고, 욕실에 보관하는 경우에는 날 부분이 드러나지 않도록 상자 등에 넣어둡시다.

3 위험! 욕조 물을 교체하지 않는다

해결 초록색이나 파란색 입욕제로 재물운 상승!

물을 절약하기 위해 목욕물을 이틀에 한 번 교체하는 집도 있는데, 풍수적으로는 좋지 않습니다. 욕실은 피지나 때와 같은 물리적인 오염뿐만 아니라 몸에 쌓인 나쁜 기운을 씻어내는 장소이므로 청결이 가장 중요합니다.

입욕제로는 넓은 바다를 연상시키는 파란색이나 상쾌한 숲속을 느낄 수 있는 초록색을 추천합니다. 향기와 색깔에 힐링하면서 휴식을 취하면 돈의 순환도 좋아집니다.

4 위험! 욕실 매트를 자주 세탁하지 않는다

 해결 규조토 욕실 매트로 저축운 상승!

규조토!!

　욕실 매트는 풍수적으로 부정이나 액운 등 나쁜 기운을 쫓아내는 역할을 합니다. 그런 욕실 매트가 항상 축축하고 더러운 상태라면 본래의 역할을 제대로 할 수 없겠지요.

　욕실 매트를 자주 세탁하기 힘들다면, 규조토로 만든 욕실 매트를 추천합니다. 규조토는 식물성 플랑크톤이 화석화된 것으로 건조가 빠르고 자주 세척하지 않아도 됩니다. 습기나 수분을 머금지 않는 성질은 저축운을 높이는 데 도움을 줍니다.

5 위험! 욕실에 곰팡이가 생기거나 냄새가 난다

 해결 ▶ 욕조는 반들반들 윤이 나게 닦는다

싹싹

하루의 피로와 먼지를 씻어내는 욕실은 심신을 정화하는 장소입니다. 그런 욕실이 곰팡이나 찌든 때로 더러워져 있는 것은 좋지 않습니다. 욕조도 항상 청소해서 반들반들한 상태로 두는 것이 재물운 상승을 위해서는 중요합니다.

목욕물을 버리면서 세제로 깨끗이 씻어내고 마지막에 물기를 닦아내면 욕조는 물론, 욕실 전체가 습해지는 것도 막을 수 있습니다. 훈연식 곰팡이 방지 제품 등을 사용하는 것도 좋은 방법입니다.

1 위험! 등나무나 대나무 등 천연 소재로 만든 바구니를 사용한다

해결 세라믹이나 플라스틱 용기를 사용하자

세라믹

플라스틱

　세면대 주변에서 등나무나 대나무 등 천연 소재로 된 용기나 소품을 사용하면, 보기에는 세련되어 보입니다. 하지만, 이런 소재로 된 제품은 먼지가 쉽게 쌓이고 습기를 잘 머금어 풍수적으로 추천할 수 없습니다.

　세면대에 놓는 용기나 소품은 세라믹이나 플라스틱 소재가 좋습니다. 더러워지면 수시로 씻거나 닦아서 청결을 유지합시다. 재물운을 높여주는 유리 제품도 추천합니다.

1 위험! 냉장고가 지저분하다

해결 **냉장고를 깔끔하게 정돈한다**

　음식은 '금(金)'의 기운, 냉장고는 '수(水)'의 기운을 가지고 있습니다. 그리고 '금'은 '수'에 의해 늘어난다고 합니다. 너무 많이 사두거나 미리 만들어둔 음식이 넘쳐서 무엇이 들어있는지 알 수 없는 냉장고에서는 나쁜 기운이 생성되고 '금'의 기운이 늘어나는 것을 방해합니다.

　그렇게 되면, 낭비벽이 생기거나 금전 문제에 휘말릴 수도 있습니다. 냉장고 안의 물건은 유통기한을 확인하고, 보존식품에는 날짜를 표기해 사용하기 편하고 깔끔하게 정리해둡시다.

2 위험! 음식물 쓰레기를 삼각 코너에 모은다

해결 음식물 쓰레기는 바로 버려서 깨끗하게

음식물 쓰레기는 바로 버리자!

　음식물 쓰레기를 삼각 코너(주방 싱크대 모서리에 설치하는 삼각형 음식물 쓰레기통)에 모아두면, 음식물 쓰레기에서 냄새가 나면서 끈적해지고 나쁜 기운의 발생합니다. 음식물 쓰레기는 나오자마자 바로 버리는 것이 좋습니다. 쓰레기통은 냄새 차단 뚜껑이 있는 제품을 선택하세요.

　여름철에는 뚜껑이 있는 쓰레기통이라도 열었을 때 냄새가 새어나올 수 있습니다. 작은 비닐봉지나 과자·식품 봉지에 음식물 쓰레기를 넣고 입구를 묶어서 버리면 냄새에 신경 쓰지 않아도 됩니다.

3 위험! 사용한 식기를 쌓아두고 있다

 해결 사용한 식기는 바로 설거지한다

바쁘다는 핑계로 혹은 한꺼번에 설거지하는 게 편하다고 사용한 식기를 쌓아 두는 일은 없으신가요? 더러워진 식기를 싱크대에 방치하면 위생적으로 좋지 않을 뿐 아니라 주방 전체의 운이 나빠집니다. 또한, 설거지한 식기를 식기 건조대에 그대로 두는 것도 좋지 않습니다.

식기가 다 마르면 다시 찬장에 넣어 보관합시다. 지저분한 식기가 방치되는 상태가 이어지면, 불필요한 지출이 늘어나는 경향이 있습니다. 식기는 사용한 후 바로 설거지하고 싱크대 안도 항상 깨끗하게 청소합시다.

4 위험! 도마가 지저분하다

해결 나무 도마를 사용하고, 항상 청결하게 유지한다

매일 사용하는 도마는 깨끗하게 해두는 것이 기본입니다. 세제로 씻는 것 이외에도 뜨거운 물이나 식품용 알코올로 소독하는 등 부지런히 관리해야 합니다.

더러운 도마는 위생상 좋지 않은 것은 물론이고, 식재료의 영양도 손상될 수 있습니다. 가급적이면 플라스틱 도마보다는 나무 도마를 사용하는 것이 좋습니다. 탈취 효과도 높은 '편백나무 소재'를 추천합니다. 나무 도마는 '물'과 '불'이라는 상반된 요소를 중화해주는 기능이 있습니다.

5 위험! 주방 매트를 사용하지 않는다

해결 **주방 매트는 노란색이나 갈색 계열이 좋다**

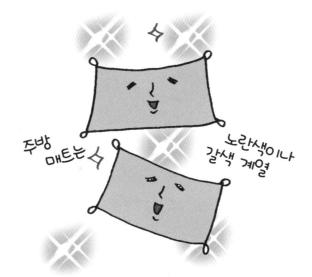

주방 매트는

노란색이나
갈색 계열

청소하기 불편하다고 주방 매트를 사용하지 않는 집도 있지만, 풍수상으로 볼 때 매트가 있는 것이 좋습니다. 원래 주방은 식재료가 떨어지거나 기름이 튀는 등 오염되기 쉬운 장소입니다.

주방 매트를 깔지 않으면 그런 지저분한 것들이 슬리퍼 바닥 등에 묻어 집 전체에 퍼져나갈 수 있습니다. '더러움=나쁜 기운의 근원'이므로 좋지 않습니다. 재물운 상승을 노린다면 주방 매트는 노란색이나 갈색 계열을 선택하세요.

1 위험! 침실의 기운을 바꾸는 방향별 컬러

해결 방위에 맞는 컬러 배치

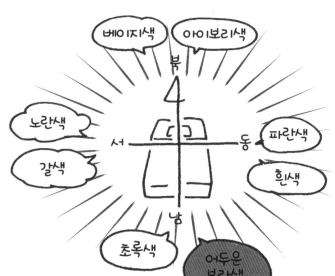

침실에서 가장 길한 방향은 북쪽입니다. 커튼, 커버, 러그 등을 선택할 때 추천하는 색상은 베이지색, 아이보리색입니다. 광택이 있는 소재를 사용하면 더 효과적입니다.

반면에, 가장 불길한 방향은 불안정한 화의 기운을 지닌 남쪽입니다. 이를 약화시키려면 초록색, 어두운 보라색이 좋습니다. 그 밖에도 동쪽 침실에는 파란색과 흰색, 서쪽 침실에는 노란색, 갈색 등을 추천합니다.

2 위험! 문 가까이나 창문 아래에 베개가 놓여있다

해결 베개 위치는 북쪽, 북동쪽, 북서쪽으로

창문 아래는 좋지 않다

베개 위치

두꺼운 커튼

　잠을 잘 때는 안정감을 줄 수 있는지가 가장 중요합니다. 문 옆이나 창문 바로 밑에 베개를 놓는 침대 배치는 안정감을 주지 못하고 건강상 문제가 발생하기 쉬운 경향이 있습니다.

　건강운은 재물운과 직결되므로 주의해야 합니다. 베개 위치는 북쪽, 북동쪽, 북서쪽 사이에 놓는 것이 좋습니다. 북쪽 방향의 수의 기운으로 심신이 정화됩니다. 부득이하게 창문 쪽에 베개를 둬야 하는 경우에는 두꺼운 커튼이나 블라인드 등을 이용하여 공간을 분리해봅시다.

3 위험! 세탁하지 않아 눅눅한 침구

해결 면·마 소재를 사용하고 자주 세탁한다

　침구류는 언제 세탁하셨나요? 오랫동안 세탁하지 않은 눅눅한 침대 시트와 커버에는 잠자는 동안 배출된 땀뿐만 아니라 나쁜 기운이 많이 흡수되어 있습니다. 깨끗하게 세탁된 침대 시트는 잠자는 동안 부정적인 기운을 빨아들여 숙면을 취할 수 있게 도와줍니다.

　침구류는 건조가 빠르고 땀이 잘 흡수되는 면이나 마 소재를 사용하는 것을 추천합니다. 촉감이 좋은 것을 선택하세요.

4 위험! 뽀족한 가구와 조명이 놓여있다

해결 모서리가 둥근 가구를 배치한다

풍수에서는 모서리나 끝이 뽀족한 것을 '첨각(尖角)'이라 하여 살기를 발산한다고 여깁니다. 반대로 원형 의자나 매트, 모서리가 둥근 침대 프레임 등 '모서리'에 곡선이 사용된 '둥근 모서리'는 돈과 궁합이 좋은 디자인입니다.

금속 프레임 침대도 재물운과 궁합이 좋다고 합니다. 색상은 흰색이나 아이보리색 등 밝고 깨끗한 느낌을 주는 것이 좋습니다. 색을 통일시키면 좀 더 차분한 느낌으로 방이 완성됩니다.

5 위험! 저렴한 매트리스를 사용한다

해결 좋은 매트리스를 사용한다

침대는 하루의 피로를 풀고 활력을 회복하는 우리 몸의 충전기와 같은 곳입니다. 침대에서 피로가 풀리는지를 크게 좌우하는 것이 바로 매트리스이지요. 저가형 침대 매트리스를 사용하면, 몸이 너무 푹 꺼져 허리에 무리가 가거나 잠자리가 편하지 않은 경우가 많습니다.

피로가 풀리지 않으면 활동력이 떨어지고 재물운도 정체되기 쉬워집니다. 매트리스와 같은 대형 가구는 버리기도 힘드니, 처음부터 품질이 좋은 제품을 선택하세요.

1 위험! 통장이나 보험증서 등을 방치한다

 해결 돈과 관련된 것은 어둡고 조용한 곳에 보관한다

금속, 특히 금은 땅속 깊은 곳에서 오랜 세월에 걸쳐 만들어집니다. 그러므로 돈과 관련된 물건은 어둡고 조용한 곳과 잘 어울립니다. 반면에 시선을 끄는 장소나 시끄러운 곳은 적합하지 않습니다.

통장, 도장, 주식 증서, 권리 증서 등 돈이나 재산과 관련된 물건은 옷장이나 서랍처럼 어둡고 조용한 곳에 모아서 보관하는 것이 좋습니다. 금고가 있는 사람은 북서쪽의 옷장이나 서랍에 보관하고 때때로 환기를 시켜줍시다.

2 위험! 수납 공간에서 곰팡내가 난다

 습기 제거제나 방충제를 비치해 곰팡이를 예방하자

옷장이나 서랍을 열었을 때 '곰팡이 냄새'가 난다면 주의하세요! 일단 곰팡이 냄새가 나면 옷장 전체의 옷을 세탁하거나 청소해야 하는 번거로움을 겪을 수 있습니다. 곰팡이가 생기고 습기가 많은 옷장은 '음'의 기운을 내뿜어 그 공간뿐만 아니라 그 안에 넣어둔 물건의 운까지 빼앗아갑니다.

일주일에 한 번은 옷장 안에 바람을 통하게 하고, 습기 제거제나 방충제를 비치해 곰팡이를 예방하세요.

3 위험! 옷이 옷장에 꽉꽉 들어차있다

 해결 옷은 적정량만 보관하자

옷과 가방 등이 빼곡히 들어차서 바람이 잘 통하지 않는 옷장은 '음'의 기운이 가득합니다. 원래 옷장은 옷이나 소품을 넣고 뺄 때를 제외하고는 문을 닫아두기 때문에 바람이 잘 통하지 않습니다.

더구나 옷과 옷 사이에 틈새가 전혀 없으면 습기나 차거나 나쁜 기운이 쌓이기 쉽습니다. 옷은 적정량으로 줄이고, 일주일에 한 번은 30분 정도 창문을 열어 환기시키도록 합시다.

4 위험! 10년 전에 산 입지 않는 옷이 여러 벌 있다

해결 2~3년 이상 입지 않은 옷은 처분하자

비싸서 못 버린다거나 언젠가 입을지도 모른다는 이유로 몇 년이나 된 옷을 그대로 보관하는 사람들이 있습니다. 하지만 2~3년 이상 입지 않은 옷은 지금 바로 처분하세요.

사람은 신진대사가 나빠지면 건강 상태가 나빠집니다. 옷장에 있는 과다한 옷은 운의 신진대사를 막아버릴 수 있습니다. 지금 자신에게 필요한지, 유행에 크게 벗어나지는 않는지, 입었을 때 편안한지 등을 고려해 불필요한 옷은 정리합시다.

5 위험! 세탁소 비닐 커버 그대로 보관한다

 해결 클리닝 후에는 비닐 커버에서 꺼낸다

세탁소에서는 고객의 옷이 더러워지지 않게 비닐을 씌워두는데, 옷을 찾아온 후에도 그대로 보관하는 사람들이 있습니다. 이렇게 보관하면 비닐 안에 습기가 차기 쉬워서, 곰팡이가 생기거나 누렇게 변색되는 원인이 되기도 하고 운을 빼앗기기도 합니다.

옷장을 쾌적하게 유지하려면 옷을 정기적으로 세탁하고 건조하는 것이 중요합니다. 또한 이불 등을 압축 봉투에 넣은 채로 보관하면, 진드기의 온상이 될 수 있으므로 권장하지 않습니다.

'재물운' 상승에 좋은 사찰 〜 몰래 알려드립니다.

인연을 이어주고 인맥 운을 높여주는 '용신'

　신사에서 모시는 신에는 이세신앙(신명신앙), 야와타신앙 등의 계통이 있습니다. 여기서는 어떤 계통의 신사가 재물운 상승과 관련이 있는지 소개합니다.

　먼저 용신(龍神)이 모셔져 있는 신사입니다. 용신은 신수의 일종으로, 재물운과 사업운을 높이고 인연을 연결해 인맥운을 높여주는 강력한 힘을 가진 존재입니다. 용신은 자연의 '기', 에너지 그 자체라고 할 수 있습니다. 제 주변에서도 용신과 인연이 되어 성공을 거둔 사람들이 속속 등장하고 있습니다.

'변재천'과 '우가후쿠신'도 재물운과 관련이 깊다

칠복신(복을 가져다준다고 하는 일본의 일곱 신) 중에서도 유일한 여신으로 인기가 높은 '변재천'은 재물운과 깊은 관련이 있습니다. 변재천은 음악, 기예, 문예 등 재능을 관장하는 신으로, 재능을 꽃피워서 재물을 얻게 도와줍니다.

마지막으로 소개할 '우가후쿠신'은 생산과 오곡 풍요의 신으로, 재물을 가져다주는 행운의 신으로 받들어져 왔습니다. 무엇보다도 재물운을 높이는 데 필수적인 것은 이러한 신이나 주위 사람들, 환경, 자연에 감사하고 긍정적인 마음을 갖는 것입니다. 감사하는 마음가짐이 재물운을 높여줄 것입니다.

 현관

 화장실

 거실

 침실

제3장
사업운을
높인다

1 위험! 현관 매트를 깔지 않았다

해결 ▶ 면이나 마 소재의 현관 매트를 사용한다

밟아주세요

풍수에서 운을 상승시키는 데 중요하게 여기는 아이템이 바로 '현관 매트'입니다. 사실 사람의 나쁜 기운은 발바닥에서 나온다고 합니다. 그리고 현관에서 신발을 벗고 집 안에 들어올 때 발바닥이 가장 먼저 닿는 곳이 바로 현관 매트입니다. 그렇기 때문에 풍수로 볼 때 현관 매트는 반드시 깔아두어야 합니다.

현관 매트로 가장 좋은 것은 면이나 마 등 천연 소재로 만든 것입니다. 또한, 현관 매트는 자주 세탁해 항상 깨끗하게 관리하는 것이 중요합니다.

2 위험! 신발이 더럽거나 구멍이 났다

 구멍이 난 신발은 버리고 깨끗하게 유지한다

쓰레기통

밖에서 일할 때 신는 '신발'은 사업운을 높여주는 중요한 아이템입니다. 구멍이 뚫린 신발, 밑창이 심하게 닳은 신발, 유행에 뒤떨어진 신발은 운을 약해지게 하므로 깨끗이 처분합시다.

신발장에 넣어둔 신발도 더러워지지 않았는지, 곰팡이가 생기지 않았는지 등 정기적으로 점검해보세요. 신발장은 좁고 습기가 차기 쉽습니다. 신발 냄새가 날 수 있으니 제습제나 탈취제 등을 놓아두거나 가끔씩 신발을 꺼내 청소하는 게 좋습니다.

3 위험! 현관에 우산이 나와있다

해결 우산은 우산꽂이에 넣어 수납한다

우산은 끝이 뾰족한 모양으로 되어있어, 부정적인 기운을 발산하기 쉽고 집으로 나쁜 기운을 끌어들이는 원인이 되기도 합니다. 집에 돌아오면 우산의 물기를 닦아내고 바로 정리하는 것이 가장 좋지만, 번거로워서 현관에 우산꽂이를 놓아둔 집도 많습니다.

우산꽂이에 우산을 꽂아서 보관할 때는 우산 끝이 보이는 스켈레톤 타입의 우산꽂이는 추천하지 않습니다. 박스 형태 등 우산 끝이 감춰지는 우산꽂이에 보관하세요. 또한 우산은 필요한 최소 개수만 보관하는 것도 중요합니다.

4 위험! 유모차, 자전거 등을 현관에 보관한다

 해결 **바퀴가 있는 것을 놓아두지 않는다**

천

유모차나 세발자전거 등을 현관에 보관하는 집도 많을 텐데, 사실은 바퀴가 달린 물건은 불안정한 운을 불러들여 문제를 일으키기 쉽습니다. 이런 특징은 사업 등에도 영향을 미치므로, 가급적이면 바퀴가 달린 물건은 정원이나 베란다 등에 보관하고 현관에는 두지 않는 것이 좋습니다. 마땅히 놓을 장소가 없다면 천 등으로 덮어 바퀴가 보이지 않게 합시다.

1 위험! 검은색 매트와 커버를 사용한다

해결 청록색이나 초록색을 추천

화장실에는 가능하면 검은색이나 회색은 피하는 것이 좋습니다. 애초에 '음'의 기운이 머물기 쉬운 화장실인데, 더 나쁜 기운이 모이기 쉬워지기 때문입니다. 추천하는 색은 연한 초록색이나 초록색에 가까운 청록색입니다.

나무를 상징하는 초록색은 '양'의 기운을 나타내며 '음'의 기운을 완화해줍니다. 초록색은 눈에 편안하고, 긴장을 풀어주는 효과도 있는 컬러입니다. 수건이나 매트, 쓰레기통 등을 초록색 계열로 선택하면 상쾌한 느낌으로 꾸밀 수 있습니다.

2 위험! 달력을 걸어둔다

 해결 달력은 거실이나 작업실에 두자

　화장실에 달력을 장식하는 것은 '좋지 않다'고 합니다. 앞에서 설명한 것처럼 용변을 보는 화장실은 아무래도 '음'의 기운이 쌓이기 쉬운 장소입니다. 그런 곳에 미래의 일정을 적는 달력을 놓아두면 운이 좋지 않은 방향으로 흘러간다고 합니다.

　화장실 달력에 업무 일정을 적어두면, 일에 문제가 생기거나 상사와 소통이 원활하지 않게 될 우려가 있습니다. 달력은 활기찬 거실이나 작업실에 두는 게 좋겠지요.

1 위험! 모노톤의 단조로운 인테리어

해결 자연을 느낄 수 있는 우디한 인테리어

검은색과 흰색으로 깔끔하게 꾸며진 모노톤 인테리어가 도시적이고 세련된 느낌이라 좋아하는 분도 있을 것입니다. 하지만 풍수적으로 볼 때 모노톤 컬러는 '음'의 기운이 강해 운을 떨어뜨린다고 합니다.

사업운을 높이고 싶다면 거실은 천연 목재를 사용한 가구나 나무의 온기가 느껴지는 바닥재 등을 이용한 우디한 인테리어를 추천합니다. 자연의 힘을 받음으로써 대인관계도 조화롭게 됩니다.

2 위험! 말라죽은 식물이 방치되어 있다

 해결 위로 자라는 식물을 두면 출세운이 좋아진다

Lucky bamboo

　죽은 관엽식물을 두는 것은 집에 시체가 있는 것과 같습니다. 나쁜 기운을 내뿜기 때문에 즉시 버리도록 합시다. 출세운을 생각한다면 위쪽으로 세로로 뻗어나가는 식물을 추천합니다.

　특히 개운죽은 풍수적으로 행운을 가져다주고 '양'의 기운을 가진 관엽식물로 예로부터 사랑받아 왔습니다. 단, 한 가지 주의해야 할 것은 자신보다 키가 큰 식물은 자신의 운을 빼앗아간다고 알려져 있으므로 키가 너무 커지지 않는지 살펴보는 것이 좋습니다.

3 위험! 어두운 인상을 주는 인테리어

해결 이직을 고려한다면 부분적으로 빨간색을 사용한다

　회색이나 갈색 계열의 어두운 톤의 인테리어는 어른스럽고 차분한 느낌으로 보여서 좋습니다. 다만, 이직을 고려한다면 동기부여가 될 수 있는 파워풀한 색이 필요할 것입니다. 전환기는 '시작'을 의미하며, 시작을 상징하는 방향은 해가 뜨는 동쪽입니다.

　그리고 동쪽에 딱 맞는 색이 바로 빨간색입니다. 쿠션이나 커버, 소품 등으로 인테리어에 빨간색을 활용하면 행동력과 활력, 결단력이 향상됩니다.

거실

4 위험! 모던하고 날카로운 디자인의 조명

해결 ▶ 원형 조명이나 샹들리에를 설치한다

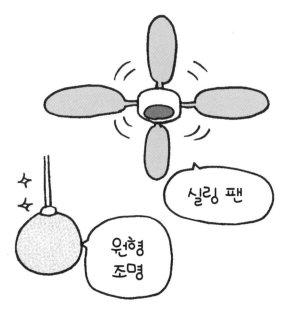

실링 팬

원형 조명

71

거실

풍수에서는 뾰족한 물건은 살기를 발산한다고 합니다. 모던하고 첨예한 디자인의 조명은 스타일리시한 느낌을 주지만, 풍수적으로 보면 전체적으로 둥근 형태의 디자인을 선택하는 것을 추천합니다.

원형 조명이나 방을 밝게 하면서 동시에 공기를 순환시키는 실링 팬, 빛을 반사시켜 방 전체를 화려하게 해주는 크리스탈 샹들리에 등은 운을 높여줄 수 있습니다.

1 위험! 언제나 침대가 어질러져 있다

해결 침대를 정리하면서 아침을 열자

팡!

아침마다 시간이 없어서 침대 위에 이불과 벗은 잠옷을 널브러진 채로 두는 경우가 많은데, 침대 위가 지저분하면 침실에 나쁜 기운이 모이게 되니 주의해야 합니다.

침실 정리는 운을 바꿔준다는 의미가 있으며, 사업운에도 좋은 영향을 미칩니다. 또한, 시트와 이불을 깔끔하게 정리하는 동안 두뇌도 휴식 모드에서 활동 모드로 전환되어 몸에 생체리듬이 활성화됩니다.

2 위험! 검은색 베개와 침대 커버를 사용한다

해결 **직장 상사와 관계를 좋게 하려면 보라색 계열로 꾸며보자**

보라색

라벤더색

풍수에서 검은색은 '음'의 기운을 가지고 있다고 봅니다. 체력을 충전해야 할 침대에 '음'의 기운을 가진 색을 사용하면, 그 사람이 가진 원래 운을 더 떨어뜨릴 수 있습니다.

그래서 추천하는 색상은 보라색이나 라벤더색 등 보라색 계열입니다. 대인 관계운이 상승하거나 상사와 관계가 좋아질 수 있습니다. 베개가 클수록 상사에게 도움받는 운이 좋아지니 호텔 사이즈로 베개를 새로 장만하는 것도 좋습니다.

3 위험! 베개 주변에 시계나 안경을 두고 있다

해결 베개 주위에 아무것도 두지 않는다

베개 주위가   깔끔!!

ZZZ

    베개 주변에 알람 시계, 책, 안경, 스마트폰 등을 두고 잠을 자고 있지는 않나요? 베개 주변에 물건을 놓아두면 머리와 몸이 제대로 휴식을 취하지 못합니다. 베개 주변에는 아무것도 두지 않고 깔끔하게 정리해두는 것이 가장 좋습니다. 특히, 스마트폰은 한밤중에 각종 앱의 알림이 울려 숙면을 방해하므로 다른 방에 두거나 무음으로 설정해놓는 것이 바람직합니다. 양질의 수면은 건강운을 안정시키고 사업운을 향상시킵니다.

4 위험! 침실에 여러 가지 물건을 장식하고 있다

 해결 ▶ 말 장식물은 사업운을 상승시킨다

침실을 복잡하게 꾸미는 집이 있는데, 사업운 측면에서 보면 좋지 않습니다. 침실에서 모든 것을 잊고 숙면을 취할 수 있는지가 운을 개선하는 열쇠입니다. 물건이 너무 많은 침실은 안정감이 없으며 청소하기도 어렵습니다.

물건을 줄인 후에 뭔가 놓아두고 싶다면 말 장식물을 추천합니다. 말은 왕성한 생명력을 상징하는 동물로, 사업운을 향상시킨다고 알려져 있습니다. 앞다리를 들어 올려 뛰고 있는 자세의 말 장식이 더욱 좋은 운을 가져다줄 것입니다.

COLUMN

풍수
토막 상식

사무실을 정리하면 '집중력' 향상!

컴퓨터 화면과 책상을 깔끔하게 정리하자

회사에서 근무하든 원격 근무를 하든 일상 중에서 가장 오랜 시간을 보내는 곳이 바로 사무실입니다. 사업운을 높여주는 사무실 정리 방법을 소개합니다.

먼저, 바로 실행할 수 있고 효과적인 것은 컴퓨터 바탕화면의 폴더를 정리하는 것입니다. 파일과 폴더를 정리하여 보기 좋게 정돈하는 것이 좋습니다. 또한 책상 위에 음료수나 과자 등을 올려놓는 것도 삼가야 하며, 책상 주변을 깔끔하게 정리하는 것이 좋습니다.

거울을 책상 위에 놓아두면 나쁜 기운을 반사한다

직장에서의 고민 중 하나는 상사나 동료와의 인간관계입니다. 직장에 잘 맞지 않는 사람이 있거나, 직장 전체의 분위기가 좋지 않아 스트레스가 쌓인다면 손바닥만 한 거울을 책상에 놓아보세요. 테두리는 플라스틱이나 나무도 좋지만, 유리 테두리가 있는 것을 추천합니다. 거울이 나쁜 기운이나 부정한 기운를 흡수하고 반사시켜 줍니다. 거울을 두는 장소는 얼굴이 비치지 않도록 정면이 아닌 다른 곳에 두는 것이 포인트! 거울 앞에는 물건을 두지 않는 것이 좋습니다.

화장실

세면대

욕실

주방

거실

침실

수납

제**4**장
건강운·
미용운을
높인다

1 위험! 창문이 없어 어두운 인상을 주는 화장실

해결 작은 거울을 위쪽에 걸어둔다

아파트나 빌라 등 공동주택에는 창문이 없는 화장실이 많습니다. 게다가 화장실의 불빛이 어두우면 '음'의 기운이 쌓이기 쉬운 화장실의 기운이 점점 저하됩니다. 이를 보완하는 방법은 거울을 설치하는 것입니다. 단, 거울을 두는 위치는 주의해야 합니다.

무엇보다 문을 열고 정면에는 거울을 걸지 않는 것이 중요합니다. 또한 변기는 배설하는 곳이므로 변기가 거울에 비치는 것도 피하도록 합시다. 작은 거울을 위쪽에 거는 것이 좋겠지요.

2 위험! 화장실 용품이 훤히 보인다

해결 세라믹이나 유리 소재 용기에 보관한다

탈취 스프레이

유리 또는
세라믹

　탈취 스프레이, 화장실 청소 도구, 생리용품 등을 훤히 보이게 두는 것은 풍수적으로 좋지 않습니다. 하지만 화장실에서 사용하는 물건은 화장실에 두는 것이 편리하지요. 그렇다면 어떻게 하면 좋을까요?

　유리나 세라믹 소재 용기에 화장실 용품을 보관하는 것이 좋습니다. 표면이 매끄럽고 광택이 있는 유리나 세라믹류는 화장실에 쌓이기 쉬운 나쁜 기운을 반사하는 효과도 있습니다.

3 위험! 화장실이 집 한가운데 있다

해결 변기 뚜껑 안쪽 한가운데에 금색 스티커를 붙인다

금색의 둥근 스티커

배설물을 배출하는 장소이고 '음'의 기운이 강한 화장실이 집의 중심에 있거나 중심 가까운 위치에 있는 경우, 나쁜 기운이 집 안에 퍼지기 쉬워집니다. 그 때문에 쉽게 피로해지고 건강운이 저하될 수도 있습니다.

이를 예방하기 위해서는 우선 환기를 충분히 시키고 자주 청소하는 것이 중요합니다. 또한, 변기 뚜껑 안쪽의 한가운데에 노란색이나 금색의 둥근 스티커를 붙이는 방법도 있습니다. 화장실에서 나오는 좋지 않은 기운을 막고, 불필요한 낭비도 억제하는 역할을 합니다.

1 위험! 거울이 지저분하다

해결 거울을 반짝반짝 닦아서 미용운을 높이자!

세면대 거울을 들여다보면 양치할 때 치약이 튄 흔적이나 물때, 기름기가 묻어 있는 경우가 많습니다. 거울이 이런 상태라면 주의하세요! 거울에서 나쁜 기운이 발산됩니다.

세수하거나 몸단장을 할 때 필요한 세면대 거울은 항상 반짝반짝 닦아두고 자신을 더욱 멋지게 비춰주는 상태로 관리하는 게 좋습니다. 깨끗한 상태의 거울은 미용 측면에서도 긍정적으로 작용해 피부를 윤기 있고 건강하게 유지하는 데 도움이 됩니다.

2 위험! 세탁물이 잔뜩 쌓여있다

해결 세탁을 해서 기의 순환을 원활하게 한다

특히 주의해야 할 좋지 않은 습관 중 하나는 지저분한 빨래를 쌓아두는 것입니다. 맞벌이 가정이 늘어나면서 빨래를 매일 하지 않고 2~3일치를 한꺼번에 하는 가정도 늘고 있지만, 풍수 측면에서는 추천하지 않습니다.

빨래를 모아두면 나쁜 기운을 내뿜는 잡균 등이 옷에 번식하기 쉽습니다. 세탁기를 돌리는 것 자체가 운을 순환시킨다고 하니, 세탁을 자주 하면 기의 순환이 좋아지고 건강운도 상승할 것입니다.

세면대

3 위험! 세면대에서 화장을 한다

해결 화장실 세면대에서 화장하지 않는다

세면대에는 큰 거울과 조명이 있고 물도 바로 사용할 수 있기 때문에 세수하고 그 자리에서 화장하는 사람도 있는데, 이런 습관은 풍수 측면에서 볼 때 좋지 않습니다.

세면대나 욕실처럼 몸을 씻는 곳은 더러움을 제거하는 '수'의 기운이 많은 장소이지만, 화장은 '화'의 성질을 가지고 있습니다. 미용운을 높이고 싶다면 햇볕이 잘 드는 방에 화장대를 두고 화장하는 것을 추천합니다. 남쪽을 향해 화장할 수 있게 배치하면 더욱 좋습니다.

4 위험! 사용하지 않는 오래된 화장품이 많다

해결 ▶ 사용하지 않는 것은 버리고 새로운 화장 용품에서
좋은 기운을 흡수한다

　세면대에는 화장품 샘플이나 사용하지 않는 파운데이션, 머리핀, 거품망 등
오래된 물건이나 필요 없는 물건이 쌓이기 쉽습니다. 서랍을 열었는데 그런 물건
들이 잔뜩 들어있다면 빨리 처분하세요.

　낡은 물건은 나쁜 기운을 방출해서 미용운을 낮출 수 있습니다. 새로운 화장
품이나 마음에 드는 메이크업 도구에서는 좋은 기운을 흡수할 수 있으므로 피부
컨디션도 좋아집니다.

1 위험! 욕실 용품이 많이 놓여있다

 해결 욕실에 놓아두는 것은 최소한으로

샴푸, 입욕제, 팩 등 다양한 미용 아이템을 욕실에 두다 보니 어느새 욕실 안이 어수선해진 적이 있지 않으신가요? 좁은 집일수록 욕실에 물건을 더 많이 두게 됩니다.

물건은 최소화하는 것이 원칙입니다. 욕실은 습기가 많고 곰팡이가 생기기 쉬운 곳이므로, 물건은 꼭 필요한 것만 두고 주기적으로 관리하여 청결한 상태를 유지합시다.

2 샤워만 하고 끝낸다

해결 욕조에 몸을 담가 액운을 쫓는다

수도와 가스비를 절약하기 위해서, 혹은 바쁘고 시간이 없어서 목욕은 하지 않고 샤워만 한다는 사람도 있습니다. 하지만 풍수에서는 천천히 욕조에 몸을 담그는 것도 중요하다고 합니다.

단순히 몸의 노폐물이나 먼지를 씻어내기 위해서만 목욕하는 것이 아닙니다. 목욕은 다른 사람의 원한, 질투 등 부정적인 상념을 제거하는 행위이기도 합니다. 액운을 제대로 제거하려면 목욕하는 것을 추천합니다. 입욕제 등을 사용하는 것도 좋습니다.

3 위험! 욕조 뚜껑이 열려있다

해결 욕조에서 나올 때는 뚜껑을 덮는다

목욕하고 남은 물을 재활용하고자 모아두는 습관이 있다면 욕조 뚜껑은 닫아 둡시다. 풍수에서는 흐르지 않고 고여있는 물을 좋지 않게 봅니다. 게다가 뚜껑을 닫지 않으면 고여있는 물의 '음'의 기운이 공간에 넘쳐흐르게 됩니다.

목욕물은 가급적 남겨두지 않는 게 가장 좋지만, 재활용할 생각이라면 물이 고여있는 욕조 뚜껑은 반드시 닫아두세요. 욕조에서 나오는 습기 때문에 욕실에 곰팡이가 생기는 것도 방지할 수 있습니다.

4 위험! 항상 축축하다

해결 자주 창문을 열거나 환풍기를 돌린다

욕실은 습기가 많은 장소입니다. 이 습기를 방치하면 질병을 일으키는 곰팡이의 원인이 될 뿐만 아니라, 기운이 정체되어 좋은 에너지가 흐르기 어려워집니다. 창문이 있다면 되도록 자주 열어 환기시키고, 창문이 없다면 환기팬을 오래 돌려서 건조한 상태를 유지하도록 합시다.

마지막에 욕실을 사용한 사람이 가볍게 벽이나 욕조를 샤워기로 헹구고 물기를 닦아내면 건강운도 좋아집니다.

5 위험! 목욕 용품을 바닥에 놓아둔다

 해결 목욕 용품을 바닥에 두지 않는다

욕실

풍수에서는 목욕 용품을 바닥에 놓는 것을 좋지 않게 봅니다. 욕실 바닥은 '음'의 기운이 강한 곳입니다. 습기가 많기 때문에 물때와 곰팡이가 생기기 쉽고 청소도 어렵게 되지요.

물로 인한 오염은 건강운과 미용운을 떨어뜨리는 원인이 될 수 있습니다. 목욕 용품은 벽에 달아놓거나 선반에 올려놓는 것이 좋습니다. 만약 선반이 없다면 벽면에 자석으로 붙일 수 있는 선반 등을 잘 활용하면 좋습니다.

6 위험! 가족이 같은 수건을 사용한다

해결 전용 수건을 사용하자

담청색   흰색   연분홍색

    수건은 따로 세탁하기가 어려워서 가족이 함께 사용하는 경우가 많지만, 풍수적으로는 각자 세탁한 수건을 사용하는 것을 추천합니다. 수건은 사용하는 사람의 물기를 빨아들이는 것뿐만 아니라, 그 사람에게 달라붙은 나쁜 기운까지도 빨아들입니다.

    또한, 2~3일 동안 같은 수건을 사용하는 것도 좋지 않습니다. 미용운이나 건강운을 높이고 싶다면 담청색, 흰색, 연분홍색의 수건이 좋습니다.

1 위험! 환풍기 청소를 오랫동안 하지 않았다

해결 **환풍기 청소를 자주 한다**

　주방 청소 중 가장 힘든 부분이 바로 환풍기라고 할 수 있습니다. 그래서 연말에 대청소할 때만 하는 사람도 많고, 몇 년째 안 했다는 사람도 있습니다. 사실 환풍기는 주방 전체의 공기와 함께 '기'를 순환시키는 역할을 합니다. 그런 환풍기를 지저분한 상태로 사용하면, 오염으로 인한 '음'의 기운이 주방으로 흐르게 됩니다.

　연말연시 대청소뿐만 아니라 주기적으로 환풍기를 청소하여 깨끗하게 유지하는 것이 가장 좋습니다.

주방

2 위험! 뚜껑이 없는 쓰레기통을 사용한다

해결 쓰레기통은 뚜껑을 닫아둔다

　풍수에 따르면 쓰레기통 선택 방법은 중요합니다. '고작 쓰레기통일 뿐'이라고 생각할 수 있지만, 쓰레기통에서 나오는 나쁜 기운이 집 안에 가득 차게 되면, 운세 전체에 큰 영향을 미칠 수도 있습니다.

　특히 주의해야 할 곳은 주방입니다. 음식물 쓰레기는 특히 여름철에 강한 냄새를 풍기는 경우가 많으므로, 반드시 뚜껑이 달린 쓰레기통을 선택하도록 하세요. 또한 음식물 쓰레기통은 더러워지거나 곰팡이가 생기기 쉬우므로 정기적으로 관리를 해야 합니다.

3 위험! 주방 바닥을 청소하지 않는다

해결 주방 바닥을 물걸레로 닦는다

집 안에서도 기름, 물, 식재료 등이 떨어지기 쉬운 주방은 특히나 더러워지기 쉬운 곳입니다. 그런 주방 바닥을 제대로 청소하고 계신가요? 나쁜 기운은 바닥에 쌓입니다. 바닥이 더러워지면 먼지와 나쁜 기운이 슬리퍼에 묻어 방 전체로 퍼져나갈 우려가 있습니다.

그런 나쁜 기운을 통째로 없앨 수 있는 것이 물걸레질입니다. 진공청소기 등으로 쓰레기와 먼지를 제거한 후, 물기를 꽉 짜낸 걸레로 주방 바닥을 닦으면 운이 상승합니다.

4 위험! 유통기한이 지난 식품이 쌓여있다

해결 식재료는 빨리 소진하도록 한다

유통기한
경과

마트에서 세일할 때 잔뜩 사둔 즉석식품이나 컵라면 등을 잊고 있다가 어느새 유통기한이 지나버렸던 경험은 없으신가요? 오래된 식재료에서 나오는 나쁜 기운은 주변에 있는 음식의 좋은 기운까지 빼앗아 건강운에 악영향을 끼치는 경우도 있습니다.

수시로 식재료 재고를 점검해서 유통기한이 가까운 것부터 선반이나 냉장고 앞쪽으로 옮겨두고 빨리 소진합시다.

1 위험! 문 가까이에 소파가 있다

 해결 소파는 동선을 방해하지 않는 장소에 놓는다

거리를 둔다

거실에서도 가장 편안한 공간이어야 할 소파를 문 옆에 두는 것은 좋지 않습니다. 문은 출입이 잦은 곳이기 때문에 소파에서 마음 편히 쉴 수 없지요. 가능하면 거실 문에서 최대한 멀리 떨어진 곳에 소파를 두는 것을 추천합니다.

소파는 문과 대각선으로 방 전체가 보이는 곳에 두는 것이 가장 이상적입니다. 문 정면이나 문을 등지게 놓는 것도 문에서 들어오는 기운을 직접적으로 받게 되어 피곤해지기 쉽습니다.

2 위험! 북쪽 거실에 파란색 계열 인테리어를 했다

해결 ▶ 북쪽 거실은 따뜻한 색 계열로 꾸미자

연분홍색, 자주색 등
따뜻한 색 계열 인테리어

북쪽에 거실이 있거나 큰 창문이 있는 등 북쪽이 중심이 되는 집은 '음'의 기운이 강해 차가워지기 쉬운 환경입니다. 그런 북쪽 거실을 차가운 색인 파란색 계열 인테리어로 꾸미면 더욱 차가운 느낌이 듭니다.

이럴 때는 '양'의 기운을 지닌 따뜻한 색 계열 인테리어로 음양의 밸런스를 맞춰줍시다. 다만, 빨간색 등 강렬한 색을 사용하면 기운이 충돌하여 오히려 역효과를 낼 수 있습니다. 흰색이 섞인 연분홍색이나 따뜻한 색 계열의 자주색이 안정감을 줍니다.

3 위험! 가구가 창문 근처를 가려 빛이 잘 들어오지 않는다

 해결 선캐처를 창가에 둔다

풍수에서는 창문도 기운의 출입구라고 생각합니다. 밝고 깨끗한 창문을 통해 좋은 기운이 들어오고, 좋은 인간관계를 불러옵니다. 이처럼 중요한 창문을 가급적 가구 등으로 막지 않는 것이 좋습니다.

다만, 구조상 어쩔 수 없이 창문에 가구가 걸친다면 빛을 반사하고 확산시키는 선캐처를 창가에 장식해보세요. 선캐처의 반짝이는 광채가 행운을 가져다줄 것입니다. 또 창가는 수시로 청소를 해서 항상 깨끗한 상태를 유지합시다.

4 위험! 거실 구석에 먼지가 쌓여있다

해결▶ **거실 구석과 가장자리는 꼼꼼하게 청소한다**

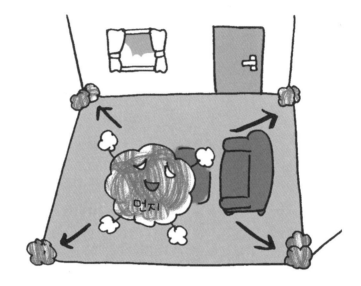

거실 구석구석, 가장자리까지 꼼꼼하게 청소하시나요? TV나 소파처럼 큰 가구가 많은 거실은 구석구석 청소하기가 힘들어 어느새 먼지가 쌓이기 십상이지요. 건강운을 높이고 싶다면, 청소포 등으로 닦아내고 사방을 구석구석 깨끗이 청소하는 것이 중요합니다.

꼼꼼하게 청소한 후에는 관엽식물 등을 두거나 멋진 그림을 걸어두는 것도 추천합니다.

1 위험! 오랫동안 이불을 말리지 않았다

 해결 침구를 햇볕에 말려 태양의 기운을 흡수한다

습기는 풍수에서 가장 큰 적이라고 할 수 있습니다. 천은 물을 흡수하는 성질이 있는데 잠자는 동안 이불에 땀이나 실내의 습기가 많이 흡수되면서 금세 눅눅해지는 경우가 많습니다. 눅눅한 침대에서 자면 좋은 기운을 흡수할 수 없습니다. 일주일에 한 번 이상은 날씨가 좋은 날에 침구를 바깥에 널어두도록 합시다. 햇살의 기운을 듬뿍 담은 뽀송뽀송한 이불에서 좋은 기운을 흡수할 수 있을 것입니다.

2 위험! 침실에 커다란 거울이 있고 자는 모습이 비친다

해결 침실 거울에는 커버를 씌우자

침실에 거울을 둔 경우, 잠자는 모습이 거울에 비치는 것은 좋지 않습니다. 거울에 잠자는 모습이 비치는 것을 '경광살(鏡光殺)'이라 하여 풍수에서는 흉한 기운으로 봅니다.

잠자는 모습이 거울에 비치면, 자신의 운을 빼앗기거나, 나가려는 나쁜 기운을 거울이 반사하여 다시 자신에게 돌아옵니다. 거울 위치를 바꿀 수 없다면, 잠을 잘 때는 커버를 씌워 자는 모습이 비치지 않도록 합시다.

3 위험! 조명이 침대 쪽으로 드리워져 있다

 해결 작은 사이드 테이블에 스탠드형 조명을 둔다

천장에서 침대로 늘어진 형태의 조명을 달면 몸의 기를 자극하므로 풍수에서는 좋지 않다고 여깁니다. 특히 끝이 뾰족한 조명은 부정한 기운을 품고 있다고 합니다.

침실에는 사이드 테이블 등에 놓는 작은 스탠드형 조명을 권장합니다. 전구는 주광색이 아닌 전구색을 추천합니다. 가까이서 손으로 켜고 끌 수 있어 편리하고, 따뜻한 빛이 마음을 안정시켜 건강한 수면으로 이끌어줍니다.

4 위험! 암막 커튼으로 빛을 차단하고 있다

해결 빛을 투과하는 커튼으로 몸의 리듬을 만든다

건강운·미용운을 높인다

　　조금 더 느긋하게 자고 싶어서 침실에 암막 커튼을 설치하는 경우가 있습니다. 하지만, 아침에 태양의 에너지를 받아들이려면 빛이 통과되는 커튼이 더 낫습니다. 아침 햇살을 받으면 신체 리듬이 정돈되면서 하루의 리듬이 만들어집니다. 암막 커튼에 익숙해지면 아침에 일어날 때 침실이 어두워서 생활 리듬이 깨지고 건강에도 영향을 미칠 수 있습니다. 방 안으로 적당히 빛이 새어 들어오는 것이 좋습니다.

5 위험! 강렬한 색감의 침구를 사용한다

 해결 흰색이나 아이보리색 등 부드러운 색을 추천

흰색,
아이보리색,
연한 베이지색

휴식을 취하는 침실의 침대 커버나 시트에 형광색이나 빨강, 노랑과 같은 강한 색을 사용하는 것은 별로 추천하지 않습니다. 건강운을 올리는 데 도움이 되는 것은 흰색이나 아이보리색, 연한 베이지색 등의 부드러운 색입니다. 흰색은 나쁜 기운을 정화해주고 리셋하는 힘이 있으므로, 수면 중에 피로를 풀기에 아주 적합합니다.

포인트로 색을 사용한다면, 베개 커버나 발 매트 등에 부드러운 색감을 더하는 정도로 하세요.

6 위험! 침실에 스마트폰, TV 등 전자 제품이 많다

해결 침실에 전자 제품을 두지 않는다

침실은 몸과 마음이 휴식을 취하는 장소이며, 풍수에서는 기를 흡수하는 곳으로 봅니다. 그런데 앞에서도 언급했지만 스마트폰이나 TV와 같은 정보 전자 기기는 기를 어지럽히는 특성을 가지고 있습니다.

잠을 잘 때 무방비 상태에서 흐트러진 기를 받으면 몸과 운에 악영향을 끼치기 쉽습니다. 알림 소리 등으로 시끄러운 스마트폰도 침실로 가져가지 않는 것이 좋습니다. 오로지 수면에 집중할 수 있는 편안한 환경을 만들어보세요.

1 위험! 선반에 오래된 서류가 빼곡히 쌓여있다

 해결 ▶ 서류를 정리 정돈해서 공간을 여유 있게 만든다

다 읽은 잡지나 불필요한 서류, 영수증 등 선반이나 서랍에 필요 없어진 '종이류'가 많이 쌓여있지 않나요? 종이의 원료인 나무는 오행에서 성장을 상징합니다. 어떤 일에서 성과를 내고 싶을 때 그 성패에 강하게 작용합니다.

물건을 잘 정리하고 버리는 것도 목표 달성 중 하나라고 할 수 있습니다. 늘 좌절하는 사람은 정리 정돈을 잘 못하는 경우가 많습니다. 필요 없는 것은 버리고 필요한 것들은 장르별로 분류해서 보관합시다.

목, 손목, 발목을 따뜻하게 한다

냉기는 '만병의 근원'이라고 합니다. 몸이 차가워지면 혈액의 흐름이
정체되고, 혈액의 흐름이 좋지 않으면 운도 정체됩니다. 냉기를 예방하
려면 '목'이라는 글자가 붙은 신체 부위를 따뜻하게 하는 것이 중요합니
다. 특히 발목은 차갑게 해서는 안 되는 부위입니다. 풍수에서 나쁜 기
운은 지면이나 바닥에 쌓인다고 합니다. 냉기도 발밑에서 올라오므로
발목을 따뜻하게 하는 것이 좋습니다. 양말이나 레그워머 등으로 발목
을 우선 보호합시다. 또한 추운 계절에는 숄이나 머플러를 이용해서 목
을 따뜻하게 유지하세요.

복식호흡을 활용한다

　건강운을 높이려는 의지만 있다면 바로 할 수 있는 방법은 '복식호흡'입니다. 사람의 호흡에는 가슴 부근에서 호흡하는 흉식호흡과 복부에서 호흡하는 복식호흡이 있습니다.

　복식호흡을 하면 긴장 상태가 풀리고 몸과 마음이 편안해집니다. 그렇게 함으로써 본연의 평온함과 의욕을 되찾을 수 있습니다. 스트레스가 쌓이면 부정적인 감정을 천천히 내뱉고 신선한 공기로 한껏 채워보세요.

현관

욕실

거실

침실

수납

제5장

연애운을
높인다

1 위험! 현관에 가리개 커튼이 걸려있다

해결 분홍색 태슬로 인연을 끌어당긴다(여성)

가리개

분홍색이나
라벤더색
태슬

현관에 가리개 삼아 커튼을 걸어두는 집이 있습니다. 현관 가리개 커튼은 집안 운기의 흐름을 방해하므로 추천하지 않습니다. 좋은 인연을 만날 운도 놓치게 됩니다.

만남운을 높이고 싶은 여성 분들은 현관 안쪽 문고리에 태슬을 달아보세요. 연애운을 높이고 싶을 때는 검은색이나 네이비 등 어두운 색 태슬은 피하는 것이 좋습니다. 분홍색이나 라벤더색 등 밝은 파스텔 톤 색상의 태슬이 좋겠지요.

2 위험! 신발장 위에 피규어나 장식품이 빼곡하게 놓여있다

 해결 깔끔하게 정리하고 쓸모없는 것은 놓지 않는다(남성)

피규어나 캐릭터 상품 등을 현관에 많이 장식해두면 연애운에 좋지 않습니다. 특히 남성의 경우, 일을 잘하는 사람일수록 이성에게 인기가 있는 경향이 있으므로 연애운을 높이는 것은 곧 사업운을 높이는 것과 직결됩니다.

사업운을 높이려면 쓸모없는 물건을 두지 않은 깨끗하게 청소된 현관이 이상적입니다. 현관을 지나치게 장식하거나 불필요한 물건이 많다면 정리하는 것이 좋습니다.

1 위험! 검은색이나 갈색 등 어두운 색 목욕 용품을 두고 있다

해결 분홍색이나 흰색, 아이보리색 목욕 용품

1000원에 구매!
분홍색, 흰색, 아이보리색

S C

Body

SOAP

물기가 많은 욕실은 원래 '음'의 기운을 가지고 있습니다. 여기에 검은색이나 갈색 등 어두운 색 목욕 용품을 사용하면 '음'의 기운이 더욱 강해집니다. 또한 어두운 색 목욕 용품은 곰팡이 등이 생겼을 때 잘 보이지 않는다는 단점도 있습니다. 목욕 용품은 깨끗한 인상을 주는 색상이 좋습니다.

요즘은 할인 매장 등에서도 세련된 상품을 많이 볼 수 있습니다. 연애운 상승을 원한다면 분홍색, 흰색, 아이보리색 등을 추천합니다.

2 위험! 발끝까지 발을 씻지 않는다

해결 발끝까지 꼼꼼하게 씻는다

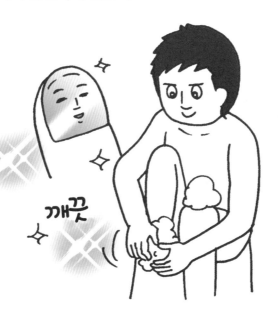

　목욕할 때 발끝까지 잘 씻고 있나요? 운기는 발끝에서 들어온다고 합니다. 그래서 씻을 때 발끝까지 꼼꼼하게 씻는 것이 좋습니다. 연애운을 높이기 위해서도 청결한 손톱, 발톱은 중요합니다.

　손톱, 발톱이 지저분하면 상대방에게 불결하고 칠칠치 못한 인상을 줄 수 있습니다. 특히, 발은 행동하고 운을 높이는 데 중요한 신체 부위이므로 발톱까지 깨끗하게 씻고 손질해둡시다.

1 위험! 드라이플라워를 장식했다

해결 꽃을 돌볼 수 없다면 녹색으로 장식한다

남성에게 추천

대나무

여성에게 추천

움베르타

드라이플라워는 생화처럼 손이 가지 않아 부담 없이 장식할 수 있습니다. 하지만, 풍수에서 드라이플라워는 죽은 꽃이라 하여 '음'의 기운을 가지고 있다고 봅니다.

연애운을 높이고 싶다면, 관엽식물을 장식하는 것은 어떨까요? 여성에게는 하트 모양 잎을 가진 '움베르타'라는 식물을 추천합니다. 남성에게는 발육, 성장 등의 운을 관장하는 '대나무', '드라세나'처럼 잎이 가늘고 세로로 자라는 식물을 추천합니다.

2 위험! 얼굴이 그려진 그림과 사진이 많이 걸려있다

해결 얼굴이 그려진 그림이나 사진은 세 장까지만 건다

얼굴이 나온 사진이나 그림을 장식하는 사람들이 많습니다. 그러나 장식한 그림이 세 장을 넘어간다면 개수를 줄이는 편이 좋습니다. 사진이 너무 많으면 자신이 흡수해야 할 운을 빼앗깁니다.

여러 장을 장식할 경우 시선이 정면을 향하지 않는 각도를 선택하세요. 시선이 마주치는 사진이나 포스터는 감시당하는 듯한 기분이 듭니다. 또한 연예인이 그려진 포스터 등을 걸어두면 애정이 그쪽으로 향해 운기가 저하되는 경향이 있습니다.

1 위험! 멋진 모노톤 계열 침실

해결 남서·동남쪽에 자홍색이나 보라색 물건을 배치한다

멋지고 어른스러운 모노톤의 침실은 세련된 인상을 줍니다. 하지만, 풍수적으로 모노톤은 '음'의 기운이 강하고, 특히 검은색의 비율이 높을수록 그런 경향이 강해집니다. 그렇다면 어떻게 하면 개선할 수 있을까요?

이럴 때에는 부분적으로 색을 사용하면 좋습니다. 침대 커버나 스탠드, 매트 등으로 색을 추가하세요. 특히 연애운을 높이고 싶다면 남서·동남쪽에 자홍색이나 보라색 제품을 배치하는 것을 추천합니다.

2 위험! 침대에 봉제 인형이나 인형을 놓아둔다

 해결 인형을 두지 않고 깔끔하게 정리한다(여성)

침실에 인형이나 물건을 많이 놓아두면, 자신도 모르는 사이에 인형에게 기운을 빼앗길 수 있습니다. 특히 베갯머리에 잡동사니를 많이 놓아두면 숙면을 방해하여 몸과 머리가 제대로 충전되지 않습니다.

또한, 자주 청소하지 않으면 진드기의 번식지가 될 수도 있습니다. 만남운이나 연애운의 도움을 받고 싶은 분들은 인형이나 물건을 버리거나 따로 보관하는 것이 좋습니다. 모처럼 찾아온 좋은 인연까지 놓칠 수도 있습니다.

3 위험! 베개나 침실에 머리카락이 많이 떨어져 있다

해결 부지런히 청소해서 항상 깨끗하게 유지한다

베갯잇, 바닥 등 침실은 머리카락이 떨어지기 쉬운 곳입니다. 사실 예로부터 머리카락에는 부정한 기운이 깃들기 쉽다고 전해지고 있습니다. 그런 머리카락이 침실에 많이 떨어져 있으면 잠잘 때 좋은 기운을 흡수하지 못할 우려도 있습니다.

침실을 자주 청소하고 시트와 베갯잇은 세탁하여 호텔처럼 깔끔한 침실을 목표로 합시다. 청결한 침실은 사람에게 스며드는 기운까지 정돈해줍니다.

1 위험! 입지 않는 오래된 속옷이 서랍을 채우고 있다

해결 낡은 속옷은 버리고 마음에 드는 새것으로 바꾼다(여성)

피부에 직접 닿는 속옷은 입는 사람의 운을 크게 좌우한다고 합니다. 낡고 오래된 속옷을 입으면 입는 사람의 기운도 떨어져서 좋은 만남을 놓치게 될지도 모릅니다.

속옷은 아무리 마음에 드는 제품이라도 소모품이므로 어느 정도 입고 나면 교체하는 것이 좋습니다. 마음에 드는 새 속옷을 입으면 기분도 좋아져서, 분명 멋진 만남을 기대할 수 있을 것입니다.

2 위험! 옛 연인에게 받은 물건을 아직 가지고 있다

해결 옛 연인에게 받은 물건은 버린다(여성)

반지, 목걸이 등의 액세서리, 가방, 스카프 등 옛 연인에게 받았던 추억의 물건들, 옛 연인에게 받은 물건에는 선물한 사람의 '기운'이 담겨있습니다. 그리고 그 기운이 새로운 만남을 멀어지게 할 수 있습니다.

미련이 있을 수도 있겠지만, 새로운 사랑을 찾거나 지금의 연애를 잘하기 위해서는 과감히 처분하거나 재활용 쓰레기로 버리는 것이 좋습니다. 놓아줌으로써 새로운 운이 들어오기 쉬워집니다.

3 위험! 남편 옷장이 아내 옷장보다 크다

 해결 ▶ 남편 옷은 조금 정리하도록 한다

결혼한 사람이라면, 부부 중 어느 쪽의 옷장이 더 큰가요? 일반적으로는 옷이 많은 아내 옷장이 더 큽니다.

반대로 남편 옷장이 크다면 주의하세요! 풍수에서는 남편 방이나 옷장 등 사적인 공간이 아내나 자식보다 넓으면 부정한 기운이 들어올 여지가 있고 바람기가 생길 수 있다고 합니다. 특히 남편이 갑자기 멋을 부릴 때는 조금 조심하세요.

COLUMN
풍수 토막 상식

COLUMN
풍수 토막 상식

'연애운'을 올리는 풍수는

연애운을 높여주는 상품은 여성을 위한 것이 많다

금전운, 사업운 등 다른 운과 비교할 때 '연애운'은 남성과 여성의 방향성이 다릅니다. 그 이유는 남자와 여자 각각의 역할이 다르기 때문입니다. 요즘에는 상황이 많이 변했지만, 원래 남성은 여성에게 다가가는 역할을 하고, 여성은 남성을 받아들이는 역할을 했습니다. 남성은 능동적이고 여성은 수동적인 경우가 많았습니다. 여성은 자신에게 무슨일이 일어나지 않을까 기대합니다. 그래서 연애운을 높이는 상품은 압도적으로 여성을 위한 것이 많습니다. 여성은 연애운을 높이는 핑크색 투르말린 액세서리 등을 착용하는 것을 추천합니다.

남자와 여자가 다르다

남성은 먼저 사업운을 높이는 것이 중요하다!

113페이지의 현관 풍수에서도 소개했지만, 남성의 경우 연애운을 높이기 위해서는 사업운을 높여야 합니다. 그리고 사업운을 높이려면 공간을 꾸미기보다는 깔끔하게 청소하고 청결한 공간을 유지하는 것이 중요합니다. 일반적으로 결혼해서 가구나 생활용품 등을 가정에 들여놓는 것은 여성인 경우가 많습니다. 따라서 남성은 가급적 불필요한 물건을 두지 말고, 여성을 맞아들이는 보금자리를 만든다는 생각으로 공간을 구성하는 것이 좋습니다. 제5장의 '연애운' 페이지에 남녀별 추천 풍수가 있는 것도 그런 이유에서입니다.

현관

주방

거실

침실

제6장
가정운을
높인다

1 가족사진을 현관에 장식했다

해결 가족사진은 거실에 장식한다

거실!!

　현관 앞 작은 공간에 가족사진이나 부부 사진 등을 장식한 집을 종종 볼 수 있습니다. 하지만 이런 가족사진은 현관에는 두지 않는 것이 좋습니다. 현관은 다양한 '기운'이 드나드는 곳이고, 그중에는 나쁜 기운도 포함되어 있기 때문에 그러한 나쁜 기운이 사진에 찍힌 사람에게도 영향을 미칩니다.

　또한 이런 사진이 많으면 좋은 기운을 반사하는 경우도 있습니다. 가족사진은 가족이 모두 모이는 거실에 장식하는 편이 좋습니다.

2 위험! 정화 소금을 교체하지 않았다

 해결 관리하기 어려우면 암염을 이용한다

암염

굳어버린
소금

OK

풍수에서는 현관에 정화 소금을 놓는 것이 좋다고 하는데, 소금을 그대로 방치해서 굳어지거나 습기를 빨아들여 눅진한 상태가 되면 그 효과를 발휘하지 못합니다. 자주 새 소금을 준비해 현관 입구에 방해가 되지 않는 곳에 놓아두는 것이 좋습니다.

또한 소금을 현관에 놓아두고 있지만 관리가 어렵다면, 피라미드형이나 원형의 히말라야 암염을 소금을 대신하여 놓는 것도 괜찮습니다.

3 위험! 종이 상자를 방치하고 있다

해결 종이 상자를 방치하지 않는다

쌓아두지 말고
처리~

인터넷 쇼핑 이용이 증가하면서 포장용 종이 상자가 쌓이기 쉽습니다. 자칫하면 현관 구석에 종이 상자가 방치되기 십상이지요. 사실 운의 출입구인 현관에는 될 수 있는 한 불필요한 물건을 두지 않는 것이 기본입니다. 특히 종이 상자에 사용되는 골판지 소재는 습기를 잘 빨아들입니다.

습기 등에는 나쁜 기운이 포함되어 있는데, 습기를 흡수한 종이 상자는 나쁜 기운을 발산합니다. 또한, 동선을 방해하기 때문에 집 안의 '기운' 순환도 나빠져 좋은 기운이 들어오지 않지요. 불필요한 종이 상자는 빨리 처분합시다.

1 위험! 냉장고 문을 사진으로 꾸몄다

 해결 냉장고 문에는 아무것도 붙이지 않는다

　사진이나 일정, 메모 등을 냉장고 문에 붙여서 게시판처럼 사용하고 있지 않으신가요? 냉장고 문은 풍수에서 집의 현관과 마찬가지로 행복의 입구로 여겨집니다. 좋은 기운이 들어와도 방해가 되므로 냉장고 문에는 아무것도 붙이지 않는 것이 가장 좋습니다.

　또한, 냉장고는 '수'의 기운을 가진 반면에, 메모나 편지를 붙이는 자석은 '금'의 기운을 가지고 있습니다. 수의 기운과 금의 기운은 상극 관계이므로 서로 잘 맞지 않는다고 합니다.

2 위험! 삼각 테이블을 식탁으로 사용한다

해결 모서리가 둥근 테이블로 가정을 원만하게 한다

모서리가 둥근 테이블

삼각형 식탁은 뾰족한 모서리에서 좋지 않은 기운을 발산하기 때문에 추천하지 않습니다. 사각형 테이블도 모서리가 직각이면 모가 난 것으로 여겨 풍수에서는 인간관계가 서먹해진다고 생각합니다. 가급적이면 모서리가 둥글게 처리된 디자인을 추천합니다.

원탁이나 타원형 테이블도 좋습니다. 다만, 각진 테이블이라도 식탁보를 씌워 모서리를 가린다면 괜찮습니다. 비닐 소재 식탁보는 '기운'을 어지럽힐 수 있으므로 천으로 된 식탁보를 사용하세요.

3 위험! 식재료를 아무렇게나 보관한다

해결 식재료는 신선도를 유지하고 보기 좋게 보관한다

1,000원   쾌적~

감자나 양파 등 실온에 보관하는 야채를 비닐에 넣어둔 채로 두면 안 됩니다. 습기가 차서 곰팡이가 생기면, 야채에서 '음'의 기운이 발생하기 때문입니다. 추천하는 보관법은 세라믹 용기에 담아서 보관하는 것입니다. 열이 잘 전달되지 않아 신선함을 유지할 수 있습니다.

요즘에는 할인 매장 등에도 보기에도 멋지고 통기성이 좋은 수납 용기들이 많이 있습니다. 신선도를 유지하고 보기 좋게 보관하면 음식의 좋은 에너지 그대로 맛있게 먹을 수 있습니다. 집에 적합한 수납 방법을 고민해보세요.

1 위험! 바닥이나 테이블에 물건이 많다

해결 바닥이나 테이블에 물건을 두지 않는다

거실을 깔끔하게 유지하는 비결은 방에서 가장 넓은 면적을 차지하는 바닥과 테이블에 물건을 두지 않는 것입니다. 바닥과 테이블에 물건을 두지 않으면 깔끔해 보일 뿐만 아니라 청소도 훨씬 쉬워집니다. 매일 청소하는 것이 고생이 아니게 되는 것입니다.

물건이 어질러진 상태는 거주하는 사람의 마음이 혼란스럽다는 것을 나타냅니다. 항상 깔끔하게 정돈해두면, 커뮤니케이션 능력이 향상되고 가족 관계도 좋아집니다.

2 위험! 가구 밑을 한 번도 청소하지 않았다

해결 가구 밑까지 청소할 수 있는 다리가 달린 가구

가구 밑은 청소하기 어려운 곳 중 하나입니다. 어느새 가구 밑이 먼지로 가득 차기도 합니다. 하지만 보이지 않는 곳에도 먼지가 쌓여있으면 '기운이 정체되기 쉽고, 특히 거실은 가족 전체의 운에 영향을 줍니다.

추천하는 것은 가구 밑까지 청소하기 좋게 다리가 달린 가구입니다. 바퀴로 되어있는 형태도 움직일 수 있어 청소하기가 편해집니다. 가끔은 가구 밑까지 꼼꼼히 청소하는 것을 추천합니다.

3 위험! 관엽식물 화분 받침에 물이 고여있다

해결 관엽식물은 뿌리가 썩지 않도록 관리한다

  거실에 관엽식물을 두면 가족 간의 정을 돈독히 하는 데 도움을 준다고 합니다. 단, 화분에 물을 준 후에 받침에 물이 남아있는 상태로 두는 것은 피해야 합니다.

  자기도 모르게 물을 너무 많이 주는 경우를 종종 볼 수 있습니다. 화분 바닥에 물이 차있는 상태가 계속되면 식물의 뿌리가 썩고 결국 시들어 나쁜 기운을 내뿜기도 합니다. 화분에 물을 준 다음에는 잠시 후 화분 받침에 물이 고여있지 않은지 꼭 확인합시다.

4 위험! 유리나 금속 소재로 된 가구를 사용한다

해결 식물이나 생화를 장식하거나 천연 소재 러그를 깔아둔다

유리나 스테인리스, 알루미늄 등 금속 소재 가구는 공간에 모던하고 세련된 느낌을 주지만, 풍수적으로 보면 공간을 차갑게 만드는 '기운'을 가지고 있습니다. 냉정함이 필요한 환경에서는 좋지만, 가족이나 부부가 함께 생활하는 방으로는 너무 차가운 분위기가 됩니다.

유리나 금속 소재의 가구가 많다면, 관엽식물이나 생화를 놓아두거나 천연 소재의 러그, 소품 등을 장식해 따뜻한 분위기를 더하는 것이 좋습니다.

5 위험! 인테리어를 바꾼 적이 없다

해결 인테리어를 바꿔서 기운을 활성화한다

인테리어를 전혀 바꾸지 않고 계속 같은 상태로 살면, 방의 '기운'도 침체되어 활기를 잃는 경향이 있습니다. 지금 자신이 추구하는 취향을 도입해보거나 시대를 느낄 수 있는 그림이나 소품으로 장식하는 등 때로는 과감하게 방의 구조를 바꿔봅시다.

슬슬 소파나 테이블 등 가구를 교체할 시기가 되었다면, 새로운 가구에 맞춰 인테리어를 바꿔보는 것도 좋은 방법입니다.

1 위험! 침대 밑에 코드나 서랍이 있다

해결 침대 밑에는 아무것도 두지 않는다

아무것도 두지 않는다

서랍이 있는 수납 침대는 물건을 정리하는 측면에서는 편리하지만, 풍수적으로는 추천할 수 없습니다. 운을 상승시키기 위해서는 잠을 잘 때 좋은 '기'를 받아들이는 것이 중요한데, 그 조건 중 하나가 '침대 밑에 불필요한 물건을 두지 않는 것'입니다.

또한, 침대 밑에 전자제품 등의 코드가 통과하면 전자파의 영향을 받을 가능성이 높아집니다. 침대 밑은 깔끔하게 정리된 상태로 유지하는 것이 좋습니다.

C O L U M N

알아두면 좋은!

이사할 때의
개운법

01 감사하는 마음을 담아 물건을 버린다

이사는 물건을 버릴 수 있는 좋은 기회입니다. 사용하지 않는 물건이 있다면, '지금까지 고마웠어요.'라고 감사의 마음을 담아 떠나보내주세요.

02 좋아하는 인테리어로 새로운 생활을 시작한다

리셋할 수 있는 좋은 기회인 이사를 할 때 가구 등을 과감하게 교체하면 운이 상승합니다. 자신의 이상적인 생활에 딱 맞는 가구와 패브릭을 선택합시다.

이사하여 환경을 바꾸는 것에는 인생을 리셋하는 파워가 숨어있습니다. 이사를 긍정적인 방향으로 이끌어 행운을 끌어내는 포인트를 몇 가지 소개합니다.

03 터주신에게 인사한다

이사가 결정되면, 살던 지역의 수호신에게 지금까지 지켜주신 것에 대한 감사 인사를 드립니다. 이사를 하면 그 지역을 수호하는 신에게 찾아가 인사를 드립니다.

141

04

집에도 인사한다

이사하기 전에 현관에서 방을 향해 "앞으로 이 집에 살게 될 ○○○입니다."라고 집에도 인사를 건네보세요. 제대로 목소리를 올리면 집과 공명할 수 있습니다.

잘 부탁 드립니다

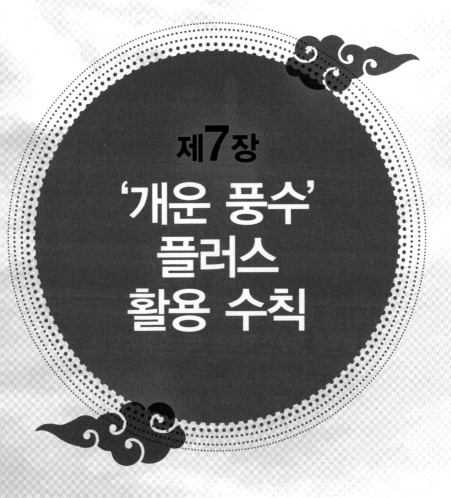

제7장

'개운 풍수'
플러스
활용 수칙

청소

풍수 아이템을 장식하기 전에 우선 청소부터 시작한다

빗자루로 먼지를 치우면 액운을 막는 효과도 있다

지금까지 운기별로 위험한 풍수와 그 해결 방법을 소개했는데, 어떤 운이든 상승시켜주는 효과적인 방법도 있습니다. 바로 청소입니다. 특히 빗자루는 예로 부터 마녀의 퇴마 도구라는 속설이 있습니다. 빗자루와 청소기로 방에 쌓인 먼지, 쓰레기와 함께 나쁜 기운을 없애고 공간을 정리해보세요. 청소를 하지 않고 풍수적으로 운이 좋아진다는 아이템을 배치해봐야 의미가 없다는 사실을 잊지 마세요.

겸사겸사 청소하면 무리하지 않고 청결을 유지할 수 있다

해야 할 일이라는 것을 알고 있어도 그만 뒤로 미루게 되는 청소. 시간이 없는 사람들에게 추천하는 것이 뭔가를 하는 김에 하는 '겸사겸사 청소'입니다. 예를 들어, 목욕하고 난 후 욕조 물을 빼는 김에 세제로 닦아 청소하거나 화장실에 일회용 시트를 놓아두고 들어간 김에 변기를 청소하는 식으로 겸사겸사 청소하도록 하면 무리 없이 깨끗한 공간을 유지할 수 있습니다.

정리

물건을 정리하거나 버려서 '기운'의 흐름을 원활하게 바꾼다

동선에 물건을 두지 않도록 한다

'정리'를 물건이 적고 깔끔하게 보이는 상태로 생각하는 사람도 있지만, 정리에서 중요한 것은 물건이 있어야 할 곳에 있어야 한다는 것입니다. 예를 들어, 침실에 TV나 태블릿을 두면 숙면을 방해하고, 집의 동선인 현관이나 복도에 취미 도구나 잡지 등이 놓여있으면 걷기가 불편할 뿐 아니라 기운의 흐름도 방해합니다. 방의 용도에 맞게 있어야 할 물건을 사용하기 쉽게 수납하는 것이 정리의 기본입니다.

불필요한 물건을 버려서 기운의 흐름을 원활하게 하자

정리할 때 절대적으로 필요한 것은 사용하지 않는 물건을 놓아주는 것입니다. 버리는 기준은 '2~3년 사용하지 않은 물건'입니다. 사용하지 않는 물건을 버림으로써 운의 흐름이 좋아지고, 버리는 과정에서 자신이 어떤 것을 좋아하는지 무엇을 원하는지 알 수 있습니다. 소중히 사용한 물건에는 생명력이 깃들어있어 사용하는 사람에게 행복을 가져다줍니다. 지금 자신에게 맞는 것, 정말 좋아하는 물건에 둘러싸여 지내는 것은 마음에 충실감을 주고, 사업운, 가정운, 건강운을 상승시켜줍니다.

화살 풍수

위험한 풍수의 든든한 아군 '화살 아이템'

팔괘경

살기를 발산하는 형살(形殺)을 상쇄하는 파워가 있다

화살 아이템은 풍수적으로 좋지 않은 집이나 방 배치 등에서 살기를 내는 형살을 상쇄하고 좋은 기운으로 바꾸어가는 유용한 아이템입니다.

① 팔괘경

풍수에서 거울은 여러 가지 재난을 막아준다고 합니다. 집 옆에 큰 도로나 고속도로, 철탑이나 전선이 있거나 근처에 무덤이나 병원, 높은 건물이 있을 때 그 방향으로 거울을 설치합니다.

② 부적

사찰 등에서 받은 부적은 문제가 있는 방향, 신경 쓰이는 방향, 현관문 위 등에 붙입니다.

③ 용신과 수정

예로부터 용신은 재물운, 인맥운 등을 불러들이는 것으로 알려져 있습니다. 용신의 손에 수정을 쥐고 있는 조각상을 추천합니다. 동쪽 방향이나 현관에 장식합니다.

④ 음양오행 그릇

집 안의 음양오행을 조정하는 아이템으로, 흐트러진 집 안의 기운을 안정시켜 줍니다. 햇볕이 잘 들지 않는 집, 차가 많이 다니는 도로가 앞에 있는 집, 방이 다각형 구조인 집 등에 적합합니다.

음양오행 그릇

용신과 수정

컬러

컬러 풍수를 능숙하게 활용하자

컬러 풍수는 손쉽게 운을 상승시킬 수 있는 방법입니다. 가구, 패브릭, 잡화 등 인테리어 색상으로 공간의 운기를 활성화하거나 반대로 진정시키는 효과가 있습니다. 원하는 운을 가진 색을 적용해보세요.

빨간색

'화'의 기운을 가진 색으로 에너지를 활성화하는 성질이 있습니다. 적극적으로 지내고 싶을 때나 직관력을 키우고 싶을 때 추천합니다.

노란색

노란색은 '금'의 기운을 가진 색으로, 금전운을 높이는 작용이 있습니다. 사업을 성공시키고 싶을 때나 수입을 늘리고 싶을 때 적극적으로 활용하세요.

파란색

파란색은 '수'의 기운이, 하늘색은 '목'의 기운이 강해집니다. 파란색은 몸에 쌓인 나쁜 기운을 배출해주고, 하늘색은 행동력을 북돋아줍니다.

초록색

'목'의 기운을 가진 색입니다. 나무가 성장해가는 것처럼 발전, 성장 등의 운을 가져옵니다. 치유 효과가 높은 색이므로 마음을 편안하게 해주고 건강운을 높여주기도 합니다.

흰색

정화 작용이 있어 모든 것을 리셋하고 싶을 때 추천합니다. 침구에 사용하면 아침에 눈을 떴을 때 운기를 리셋하는 효과도 있습니다.

보라색

고귀한 색입니다. 영감, 영성 등을 높여줍니다. 옅은 보라색은 기품이 느껴지는 색감으로 주변 사람들에게 칭찬을 받는 행운도 얻을 수 있습니다.

분홍색

애정을 나타내는 분홍색은 연애운이나 결혼운을 높여주는 색으로 알려져 있습니다. 인테리어에 활용하면 미용운도 높여줍니다.

향기와 소리

향기와 소리는 다양한 힘을 가지고 있다

좋은 향기로 공간을 정화한다

향이나 아로마로 향기를 즐기는 사람이 많은데, 향기는 공간을 정화하는 데 적합합니다. 향은 좋아하는 것으로 선택하면 되고, 아로마는 천연 유래 성분이 함유된 것이 치유 효과가 더 높다고 할 수 있습니다.

향기 중에서도 정화의 힘이 강한 것은 '백단향'(일명 샌달우드)입니다. 백단향은 향기가 매우 고급스럽고 마음을 편안하게 해줍니다. 몸에 뿌리는 향수도 운을 상승시키는 강력한 조력자입니다.

좋아하는 음악이 힘을 준다

음악도 순식간에 공간의 '기운'을 바꿀 수 있는 힘이 있습니다. 좋아하는 음악을 듣는 게 가장 좋지만, 상황에 따라 듣는 음악을 바꾸는 것도 추천합니다. 예를 들어, 잠들기 전에는 마음을 안정시키는 힐링 음악이나 파도 소리 등을, 아침에 출근할 때는 활력을 주는 댄스 음악이나 록을 듣는 식입니다. 또한, '방울 소리'도 장소를 정화하는 힘이 있습니다. 좋아하는 음색의 방울을 소지품에 달아두는 것도 좋습니다.

'개운 여행'으로 기운을 활성화한다

여행은 운기를 빠르게 바꿀 수 있는 방법 중 하나이다

일상에서 비일상으로 떠나는 여행은 대표적인 개운 활동 중 하나입니다. 운을 개선하기 위해서라도 매년 한 번은 여행을 떠나는 것이 좋습니다. 특히 길한 방향으로 떠나는 여행은 새로운 운을 불러들이는 데 효과적입니다.

방위를 중요시하는 분은 구성기학을 참고하면 되지만, 문파에 따라 길한 방향이 다를 수도 있습니다. 결국은 자신이 원하는 곳으로 떠나는 게 좋겠지요. 진심으로 가보고 싶은 장소에서 편안하고 즐거운 시간을 보내는 것이 운의 상승으로 이어집니다.

온천은 풍수의 파워 스팟

  일본에는 수질과 효능이 다른 다양한 온천이 있습니다. 온천은 광물질(금의 기운)이 포함된 물이 지구의 열(화의 기운)로 데워져 땅속(토의 기운)에서 솟아난 것으로, 온천에 들어가면(목의 기운) 오행이 조화를 이룹니다.

  실제로 온천에 천천히 몸을 담그다 보면 피로가 풀리는 느낌이 다르고 기분까지 상쾌해지죠. 노천탕, 편백나무탕, 동굴탕 등 각기 다른 분위기의 온천을 즐긴 후에는 맛있는 음식을 먹으며 몸과 마음을 치유하세요.

155

요망

맺음말

운을 좋게 하는 방법은 많이 있지만, 운을 가속화하는 가장 좋은 방법은 '거듭해서 쌓아가는 것'입니다. 그러기 위해서는 어려운 것보다는 간단하고 일상에서 할 수 있는 '습관' 속에서 쌓아가는 것이 중요합니다. 환경심리학이기도 한 풍수 사상을 바탕으로 '의·식·주'를 정리하고 습관을 바꿔가면 마음도 바뀌면서 주변에 변화를 가져올 수 있습니다.

오늘날 점술로서의 풍수는 미디어에서도 많이 다루면서 친숙해졌지만, 예로부터 풍수는 일부 권력자들의 전유물로 국가 정치에서 중요한 역할을 담당해왔습니다. 수천 년의 세월을 거치며 그 형태를 바꿔왔지만, 풍수의 가르침 근저에는 예나 지금이나 변함없이 더 나은 삶을 살고 싶어 하는 사람들의 강렬한 열망이 담겨있습니다. 미래는 언제나 불확실하므로, 불안감을 해소하고자 하는 마음은 과학기술이 아무리 발전해도 달라지지 않습니다.

풍수와 가상학은 운을 여는 데 필요한 길흉을 파악하고 '대책'을 세우는 역할을 하지만, 모든 대책을 실천하기에는 한계가 있습니다. 예를 들어, '화장실은 음의 기운을 가지고 있으니 실외에 설치하라', '정원에 연못을 만들고 비단잉어를 키우면 좋다'라고 해도 요즘 일반 가정에서 그대로 따르기는 불가능한 대책입니다.

그런 고대 풍수의 '역학, 음양, 오행'의 기본이 되는 사상을 현대의 일상생활 속에 도입해서 초보자도 바로 실천할 수 있는 내용으로 엄선하여 정리한 것이 바로 이 책입니다.

이 책을 계기로 풍수와 가상학에 관심을 갖게 되고, 앞으로 이사, 집 선택, 집 짓기를 위한 풍수의 응용편인 지리 풍수나 팔택 풍수 등도 함께 공부해주신다면 더욱 좋겠습니다.

애신각라 유한

애신각라 유한

작가, 디자이너, 개운 라이프스타일 어드바이저(점술, 풍수)

중국 헤이룽장성 하얼빈시 출생. 영화 '마지막 황제'로 알려진 청나라 황제 애신각라 가문의 계보를 잇고 있다. 다섯 살 때 일본으로 건너왔고, 어린 시절부터 가지고 있던 투시 능력에 더해 타로나 점성술 등을 활용해 점술사·풍수사로 데뷔했다. 당시 감정했던 의료·교육 관계자 사이에서 화제가 되면서, 15년간 20,000명 이상을 감정(2019년 시점)해 왔다. '사람과 운'의 관계를 독자적으로 연구하고 있으며, 진행 중인 중소기업 대상 강연회나 역학을 활용한 세미나, 신사 견학 이벤트는 전국에서 만원사례가 속출하고 있다. 2021년부터는 도자기 그림 작가로 국립신미술관에서 작품 전시를 하는 등 다양한 활동을 하고 있다.

저서로 『가장 쉬운 풍수 입문』(나츠메사), 『돈을 끌어들이는 법은 영혼만이 안다』(일본문예사), 『장 개운』(아스카신사), 『인생이 바뀐다!살면 좋은 집 나쁜 집』(일본 문예사) 등이 있다. 누적 발행 부수는 13권 20만 부를 넘었다(2023년 시점).

애신각라 유한의 공식 콘텐츠 목록

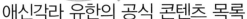

공식 홈페이지
https://aishinkakura-yuhan.com/

개운(開運) 온라인샵
http://yuhan.shop-pro.jp/

공식 Ameba 블로그
https://ameblo.jp/yuhan28/

Youtube 채널 〈개운풍수점〉
https://www.youtube.com/@AishinkakuraYuhan

개운 어패럴 〈Ryujyu～용수～〉
https://www.ryujyu.net/

애신각라 유한 공식 홈페이지 정보
https://lit.link/aishinkakurayuhan

잠 못들 정도로 재미있는 이야기
위험한 풍수

2024. 10. 2. 초 판 1쇄 인쇄
2024. 10. 9. 초 판 1쇄 발행

지은이 | 애신각라 유한
옮긴이 | 김성훈
펴낸이 | 이종춘
펴낸곳 | BM (주)도서출판 **성안당**

주소 | 04032 서울시 마포구 양화로 127 첨단빌딩 3층(출판기획 R&D 센터)
　　　 10881 경기도 파주시 문발로 112 파주 출판 문화도시(제작 및 물류)

전화 | 02) 3142-0036
　　　 031) 950-6300

팩스 | 031) 955-0510
등록 | 1973. 2. 1. 제406-2005-000046호
출판사 홈페이지 | www.cyber.co.kr
ISBN | 978-89-315-8646-6 (04080)
　　　 978-89-315-8889-7 (세트)
정가 | 9,800원

이 책을 만든 사람들
책임 | 최옥현
진행 | 김해영
교정 · 교열 | 김태희
본문 디자인 | 김인환
표지 디자인 | 박원석
홍보 | 김계향, 임진성, 김주승, 최정민
국제부 | 이선민, 조혜란
마케팅 | 구본철, 차정욱, 오영일, 나진호, 강호묵
마케팅 지원 | 장상범
제작 | 김유석

www.cyber.co.kr
성안당 Web 사이트

"NEMURENAKUNARUHODO OMOSHIROI ZUKAI YABAI FUSUI"
by Aishinkakura Yuhan
Copyright © Aishinkakura Yuhan 2023

All rights reserved.
First published in Japan by NIHONBUNGEISHA Co., Ltd., Tokyo
This Korean edition is published by arrangement with NIHONBUNGEISHA Co., Ltd., Tokyo in care of Tuttle-Mori Agency, Inc., Tokyo, through Duran Kim Agency, Seoul.

Korean translation copyright © 2024 by Sung An Dang, Inc.